全国职业院校学前教育专业教材

家庭教育学

朱闻哲 / 主 编

清华大学出版社

北 京

内 容 简 介

家庭教育在教育中的重要性越来越得到社会认可。本书围绕家庭教育理论,结合实际案例,介绍了家庭教育的概念,中国家庭教育的发展历程,家庭教育的影响因素、目的、任务、内容、基本原则及方法,不同年龄阶段儿童的家庭教育,特殊人群的家庭教育,特殊家庭的儿童教育,家庭教育中常见的心理问题,家庭教育发展等。本书语言平实、案例丰富,对不同年龄阶段儿童的家庭教育都具有指导意义。

本书适合作为职业院校学前教育专业教材,同时也可为广大家庭教育研究者,以及广大家长朋友提供学习参考。

图书在版编目(CIP)数据

家庭教育学/朱闻哲主编.—北京:清华大学出版社,2020.1(2023.1重印)
全国职业院校学前教育专业教材
ISBN 978-7-302-54505-7

Ⅰ.①家… Ⅱ.①朱… Ⅲ.①家庭教育－教育学－高等职业教育－教材 Ⅳ.①G780

中国版本图书馆 CIP 数据核字(2019)第 265855 号

责任编辑:张 弛
封面设计:于晓丽
责任校对:李 梅
责任印制:宋 林

出版发行:清华大学出版社
   网 址:http://www.tup.com.cn,http://www.wqbook.com
   地 址:北京清华大学学研大厦 A 座   邮 编:100084
   社 总 机:010-83470000   邮 购:010-62786544
   投稿与读者服务:010-62776969,c-service@tup.tsinghua.edu.cn
   质量反馈:010-62772015,zhiliang@tup.tsinghua.edu.cn
印 装 者:北京鑫海金澳胶印有限公司
经 销:全国新华书店
开 本:185mm×260mm   印 张:9.5   字 数:216 千字
版 次:2020 年 3 月第 1 版   印 次:2023 年 1 月第 3 次印刷
定 价:38.00 元

产品编号:086033-01

前　言

　　家庭是孩子的第一所学校,父母是孩子的第一任教师,这已成为多数家长的共识。在家庭中,父母所扮演的角色、承担的责任将会对孩子今后的发展起到最为直接的影响。孩子的身心健康、德育、智育、体育、美育都需要父母的悉心照料和正确教养,父母对孩子所采取的教育方法和原则也对孩子的教育成果有着积极或消极的作用。

　　家庭教育包含的内容十分广泛,有通用的方法和理论,但由于孩子受到先天因素和后天因素的影响,通用的方法和理论往往行不通,因此,家长要根据家庭情况及孩子的特点,有的放矢地选择合适的教养方式和方法。

　　本书共有 10 章。第一章主要阐述家庭和家庭教育的基本知识,以及中国家庭教育的发展历程;第二章至第五章介绍家庭教育的影响因素、目的、任务、内容、基本原则及方法;第六章主要介绍不同年龄阶段儿童的家庭教育;第七章介绍特殊人群的家庭教育;第八章介绍特殊家庭的儿童教育;第九章介绍家庭教育中经常出现或可能出现的一些心理问题及对策;第十章介绍父母自身发展及获取家庭教育方法的有效途径。

　　本书在编写过程中力求突出以下特点:第一,通俗性。即在观点的描述、语言的运用及可读性方面努力做到通俗易懂。第二,应用性。本书以我国当前家庭教育的普遍问题作为研究对象,并给予细致分析、归纳、总结,从而较好地被读者应用。第三,研究性。即通过对家庭教育问题的剖析,着眼于提高学习者的教育科学和心理科学的研究能力。本书既可以作为高等院校学前教育专业教材,也可以作为家庭教育研究者的学习资料。

　　由于编者水平和能力有限,书中难免有不当之处,敬请专家、学者和广大读者批评指正。另外,书中参考和引用了许多专家、学者的著作和论文,在这里表示由衷的感谢!尽管我们力求完善各种引用资料的出处,但肯定存在疏漏之处,对此表示衷心的歉意!

编　者

2020 年 3 月

目　录

第一章　绪　论

家庭是一个人生活、成长的重要场所，任何个体都是从家庭开始成长起来的。在家庭中，父母是孩子的第一任教师。第一任教师做得好与坏，将会直接影响孩子今后的成长。

家庭不仅仅是为家庭成员提供衣食温饱的地方，更是为成员提供良好品质修养的根据地，一个没有经过良好家庭教育的孩子，即使走入社会，有好的机遇，也难以把握。

家庭教育不仅影响着孩子的现在，还影响着孩子的未来。它是学校教育和社会教育的基础。只有打好这个无形的基础，孩子的未来堡垒才能坚不可摧。

第一节　家庭概述

家庭对于每一个人来说都是无比亲切的词汇，不管是文人墨客、企业家、政治家，还是中小学生，家庭都是他们温暖的港湾。当一个人在外面忙碌，累得拖着沉重的脚步时，最向往的地方就是家庭，因此，家庭的存在具有非常深远的意义。它不仅承载着所有家庭成员的情感，还寄托着共同把这个属于自己的港湾建设得更加美好的期盼。

一、家庭的概念

一个和谐的家庭不仅对个体成长具有强烈的促进作用，也影响着社会上各方面的发展。家庭是社会大环境的生长细胞，是社会发展的基本单元。家庭是指在婚姻关系、血缘关系或收养关系基础上产生的、亲属之间所构成的社会生活单位。

首先，家庭是由夫妻双方组成的社会团体，它至少由两个人组成，在夫妻双方决定要孩子之后，家庭这个基本的社会团体还包括他们的孩子。

其次，家庭是在婚姻关系、血缘关系、收养关系的基础之上形成的。婚姻关系是基础，血缘关系、收养关系是纽带，通过这些方式把家庭成员中的几个人"捆绑"在一起。在婚姻法的指导下，单身男女组合成为家庭，也包括再婚家庭，他们今后有了一个或多个孩子，孩子们和父母自然也属于血缘关系。除了这种家庭组合形式之外，还有因收养关系而组成的家庭，在法律层面上养子女与亲生子女享有同等的法律地位。

再次，家庭成员之间会有情感方面的归属感。成员之间朝夕相处，共同解决问题，为了家庭的美好未来而努力创造机会。这可以使他们在心理上遵守内心的承诺,并且享受家庭情感带来的内心满足感。

最后,创造家庭美好生活和教育孩子是夫妻双方共同的任务。一方面他们为了全家的生活而奔波在家庭和事业之间;另一方面为了孩子的良好教育而寻求最好的家庭教育方法,以及孩子达到了学龄期,要帮助孩子选择一所很好的幼儿园、小学、中学,甚至有的家长在孩子出生时就已经为孩子考虑到了大学。在孩子的教育方面不仅投入了金钱,还有精力,父母希望通过对孩子独特的家庭教育使他们将来能够自我良好发展,成为社会栋梁之材,为社会做出属于自己的一份贡献。

我们在对"家庭"这一概念进行解读之后,还要对"家庭"的内涵做更深一步地探讨。

(一)家庭是夫妻双方组成的社会团体

夫妻双方在遵守基本道德及婚姻法的前提下,从相识、相知、相恋到相爱,最后步入婚姻殿堂。他们由原先的个体通过婚姻的形式实现了在一起的美好凤愿,而这个美好凤愿的外在体现形式就是家庭的存在。

在中华民族传统文化的影响下,夫妻双方共同约定勤俭持家、相互体贴,通过不断地努力使这个家庭变得越来越好。家庭的最初愿景逐渐形成。

(二)血缘关系促使家庭更加牢固

在夫妻双方准备生育时,已经做了诸多准备。在孩子出生时,他们因为血缘关系而更加珍惜这个真正意义上的家庭。

随着孩子年龄的增长,孩子将会出现诸多成长中的问题。为了孩子的健康成长夫妻双方共同寻求各种最佳的成长方案。同时夫妻双方共同承担了为孩子创造美好未来的职责,在这样的环境下,整个家庭会变得更加和谐和稳定。

(三)家庭是孩子走向社会之前的温暖港湾

在现代社会中,仍然会有一些孩子自从出生就不知道父母在哪里。他们有的成为孤儿被送往孤儿院,有的寄人篱下。我们希望随着社会的发展,这样的情况越来越少。

绝大多数孩子都是幸福的,他们从出生开始就在爸爸妈妈的呵护下茁壮成长。父母会在孩子的不同成长阶段给予适合的营养,并充当着孩子的"保护伞"。在完整家庭环境中成长起来的孩子是幸福的,家庭成为他们温暖的港湾。在温暖港湾成长起来的孩子,长大以后也会友好地对待他人,并以合理的方式回报社会。

二、家庭的功能

家庭是所有家庭成员生活、享受幸福的场所,也是孩子良好习惯、个性及各种品质形成的根据地。可以这样说,家庭对于每一个人而言都是无比重要的,良好的家庭环境可以促进个人身心的有序发展。

家庭的功能主要有以下几种。

（一）情感需求的功能

人是一种高级动物,需要在爱与被爱的环境中生活与成长,夫妻之间因为爱而组成家庭,父母与孩子之间因为有了血缘关系而产生爱,孩子与孩子之间也因为有血缘关系共同生活在一起而产生爱。家庭成员共同生活在一起,可以满足人类爱与被爱的需求。

（二）共同面对困难的功能

家庭成员在爱与被爱的环境中共同生活,当他们遇到困难时,往往会同心协力地与困难做斗争。既能相互爱着家庭的其他成员,也能共同面对困难。

（三）教育的功能

家庭是社会的一个基本单元,自孩子出生的那一刻起,父母就要为孩子考虑教育问题,这种教育便是家庭教育。孩子在幼儿时,要进行视觉、动作、语言等训练,除此之外,还要对其进行注意力、思维、智商等训练。作为父母不仅要保证孩子身体的健康成长,还要充当孩子的第一任教师。

（四）娱乐和休息的功能

有些父母认为孩子只要到了学龄期,最主要的任务是学习,而且还要刻苦学习。孩子周一到周五在学校学习,到了双休日,家长还会将孩子尽早地送往补习班,声称,绝不让孩子输在起跑线上。殊不知,孩子双休日一心想着怎样好好地玩一场,却被家长给予了这样的"美好待遇",结果是大多数孩子身在补习班,而心思却在教室之外。

孩子到了学龄期后学习固然重要,但家长也要给孩子一定的时间娱乐和休息。孩子不是学习机器,他是一个在将来要为社会发挥光和热的热血青年。要想成为这样的一个热血青年,首先他在童年、少年时期要充分吸收光和热,闲暇时间应该好好地玩耍,并且和大自然充分地接触。

当孩子完成作业后,父母应尽量抽出时间与孩子在家中做一些简单的亲子游戏,这样不仅能促进亲子关系的良好发展,还有利于孩子的智力开发。而不是当孩子做完教师布置的作业后,还要给孩子到书店买课后练习题,美其名曰——"营养餐"。

（五）抚养和赡养的功能

孩子在没有达到成年阶段时,都要由父母来抚养,这也是大家公认的做父母的职责。由于孩子还处在年幼阶段,父母对孩子的饮食起居和学习都给予了无微不至的关怀与照顾。同时作为孩子的父母,自己也有年迈的父母,也要对他们的生活照顾得无微不至。这样不仅能形成良好的亲情关系,还能为孩子做一个良好的表率,待自己年老多病时,孩子自然也会很好地照顾自己。

三、现代社会中家庭的特点

随着我国经济水平的逐渐提高,对外开放政策的有效实施,中西方文化的相互交融,中国人的传统思想也逐渐有了转变。在这样一个多元文化的时代背景下,现代家庭表现出诸多特点。这些特点既包含正面特点,也包含负面特点。

(一)正面特点

1.核心家庭增加

核心家庭由父母和未婚的孩子所组成,现代青年男女大多倾向于组织小家庭,生活自由安排,很少受到父母观念的影响,在家庭经济支出方面以及孩子抚养方面较能客观实际地运作。

2.家庭工作合作完成

我国传统的家庭分工方式大多是"男主外,女主内"。家务管理方面、孩子教育方面大多由妻子负责,丈夫基本上负责赚钱养家。而现代中国这种分工方式已悄然发生着改变,丈夫不再只顾赚钱养家,妻子也不再只顾做家务和抚养孩子,而转变为家庭的各项工作由丈夫和妻子合作完成。这样的合作方式一方面能让夫妻双方体验到对方工作的辛苦;另一方面还能促进家庭成员间的健康发展。

3.较注重生活质量

家庭成员能够选择对身心有益的业余爱好,善于在自身工作之外追求自我完善。不再一味地追求家庭财富的积累,而将部分精力转化为发展文娱活动。周末的一次外出郊游,观赏一次画展,既能开阔家庭成员的眼界,又能促进家庭成员间的情感交流。

(二)负面特点

1.单亲家庭数量增多

国家民政部门关于中国家庭离婚的统计从未间断,2008年全国离婚登记为226.9万对,2017年全国离婚登记为437.4万对,短短九年间增长率为92.8%。因经济原因、精神压力导致离婚的双方,在分开居住后大多承担了离婚所带来的压力,带着孩子的一方往往暂时不再重组家庭,因此单亲妈妈或者单亲爸爸大多选择独自一人抚养孩子。

2.家庭关系不融洽

有些年轻夫妻,由于没有充分了解对方便匆匆许下爱的承诺,待婚后却发现对方与自己理想中的另一半相差甚远,再加上各种社会压力导致夫妻关系不和谐。离婚了觉得可惜,不离婚又觉得自己是全世界最可怜之人。在这种状态下僵持着,夫妻关系如同水火一般,难以交融。

3. 重组家庭数量不容小觑

由于我国离婚人数逐渐上升,导致很多离婚后带着孩子的一方为了生计不得不选择重组家庭。有的夫妻甚至还在各自重组家庭后带着多个孩子,继母和丈夫带过来的孩子没有血缘关系,继父和妻子带过来的孩子没有血缘关系,双方的孩子同样也没有血缘关系,这就给全家友好相处增添了一道无形的屏障。

第二节 家庭教育概述

孩子出生之后,第一个生活环境就是家庭,父母不仅要给予孩子良好的居住环境、全面的饮食营养,更重要的是给予孩子良好的家庭教育,家庭教育是所有教育的基础。孩子在家庭中受到了良好的教育之后,才能更加适应学校教育和社会教育。反过来说,如果孩子从小没有受到过良好的家庭教育,即使今后接受良好的学校教育和社会教育,将来成才的概率也会大大降低。

一、家庭教育的概念

家庭教育是指在所有家庭活动中,由父母对孩子在习惯、行为、品质等方面实施正面影响的一种普遍行为。父母对孩子的家庭教育相关问题是多方面、多角度的,我们会在接下来的章节中向大家详细阐述。

二、家庭教育的作用

家庭是一个人一生当中最重要的教育场所。父母是孩子的第一任教师,这种说法毋庸置疑。那么家庭教育到底有哪些作用呢?

(一)帮助孩子养成良好的习惯

孩子在家庭中是随意的,他们的饮食起居都要由父母来照顾。玩过的玩具乱扔,把自己的房间弄得一片狼藉,在家中乱扔垃圾,像这样的现象相信大多数父母都见怪不怪了。所以作为父母绝不能认为自己孩子在家想怎么样就怎么样,等到了入学年龄,由教师来教授就万事大吉了。

(二)为孩子今后的学校教育和社会教育打下基础

孩子到了学龄期就要被送往学校接受正规的学校教育,在走向社会后还要接受社会教育。在学校虽说接受的是全面素质教育,但是一些学校还是以教授文化课为主,尽管国家教育部门三令五申地强调素质教育的重要性,但对于个别地区和学校来说,实施起来具有一定的难度。

孩子在学校期间接受文化课学习,如果没有良好的韧性,做事情三心二意,即使再聪明的头脑也很难在学业上有所成就。像韧性、专注性等都需要由父母在家庭教育中给予正面教育,即使不能在这一方面把孩子教育得尽善尽美,也要让孩子清楚这些优点的重要性。

(三)帮助孩子在潜意识里认识到家庭教育的重要性

孩子在幼儿期与父母的每一次互动都会加强亲子关系,十分有利于今后的家庭教育。虽说很多时候父母对孩子的施教内容,孩子转眼间就会忘掉,但是,家长千万不要认为家庭教育是无用功。实际上你的施教内容已经根植在孩子的潜意识当中了,当家长多次重复施教内容时,孩子的印象就会逐渐变得深刻,最终形成自己的观点。

待孩子长大成人后,也会有属于自己的家庭。当他们为了自己孩子的教育问题深思熟虑时,自然会在脑海中浮现自己在孩童时期接受父母的家庭教育的情境。这样的教育传承将会一代传给一代,是一种正向且有效的传递。

(四)家庭教育是一种终身教育

家庭教育是学校教育、社会教育的基础,从这句话可以体会到,孩子出生后首先接受的是家庭教育,孩子到了学龄期再接受学校教育,紧接着接受社会教育。那么为什么把家庭教育说成是终身教育呢?

家庭是一个人安身立命的根据地,不管孩子上小学、中学还是大学,家庭教育都是必不可少的。亲人的正面影响会使孩子终身受益,孩子进入社会后,工作中会经常遇到困难或心情烦燥,这个时候就需要父母温暖的关怀与体贴。这种关怀与体贴很难在社会上找到替代。

三、家庭教育的优势与局限性

家庭教育是个体人生接受的所有教育中一种最为特殊的教育形式。在家庭中,由于有了一定的血缘关系,父母对待孩子的教育往往是带有发自内心深处的关爱。在这种特殊关系之下,家庭教育既有优势的一面同时也具有一定的局限性。

(一)家庭教育的优势

家庭教育作为一种特殊的教育方式,在实施教育的过程中有以下优势。

1. 家庭教育的启蒙性

孩子从出生的那一刻起,父母就要为孩子的教育问题做精心的准备。家庭教育是个体人生中最早接受的教育形式,在这个教育活动中,父母是孩子的第一任教师。第一任教师教得如何,将会直接影响着孩子的未来成长。孩子在幼儿时期接受的父母教育,小到怎样吃饭、玩玩具、养成好习惯,大到怎样和同伴沟通、学习,还有孩子的智力发展、道德培养等,这些都将会成为第一任教师的首要教学内容。

2．家庭教育的情感性

家庭教育中,父母是施教者,孩子是受教者。施教者在教育过程中对受教者会带有一定的情感,这与学校教育又有着明显的区别。在学校教育中,一名教师对着班上几十个学生,教学过程一般采用班级授课制。一堂课下来,学生掌握的知识和接受程度是不相同的,教师没有办法让每一位学生都学会、学懂。因此在这种普遍的上课形式下,即使再有爱心的教师也不能做到尽善尽美。

在家庭教育中,夫妻两人共同养育一个孩子或者多个孩子,他们带有情感的关爱,往往会更有耐心,能和孩子共同成长。

3．家庭教育场所的任意性

在家庭教育中,父母要教给孩子人生启蒙知识。这些知识不是一朝一夕就能全部教给孩子的,这需要父母有极强的耐性,还要不断地重复再重复,孩子才能勉强接受。有时候父母想教会孩子一个简单的道理,却要想尽一切办法来进行。

举一个简单的例子:有这样一个家庭,妈妈想告诉五岁的儿子小强不要随意乱扔垃圾,可孩子总是记不住,不管在卧室里还是客厅里总是乱扔垃圾。一次在国庆假期期间,爸爸妈妈带着孩子来到公园游玩,他们一口气玩完了公园的所有游乐设施,孩子很高兴。在公园出口的时候,妈妈看到一个可爱的小女孩手中拿着香蕉皮跑向了垃圾桶。妈妈突然意识到这是教育儿子的一个极佳机会,于是她对儿子说:"小强,你看那个小女孩漂亮吗?"

"漂亮啊!"小强回答。

"为什么漂亮呢?"妈妈又问。

"因为她穿的衣服很好看。"小强回答。

"还有其他的吗?"妈妈又问。

"嗯……没有了。"小强挠着头。

"你再想想,你看小女孩跑着过去干什么呀?"妈妈把手指向了垃圾桶方向。

"还有她不乱扔垃圾。"小强笑着说。

妈妈就在这样一个特殊且不确定的环境下对孩子实施了美德教育,也许孩子不能立即改掉乱扔垃圾的坏习惯,但是随着时间的推移、年龄的增长、认知的不断增加,好的习惯定会逐渐形成。

4．家庭教育的长期性

家庭教育、学校教育和社会教育是个体人生当中接受的最主要的几种教育形式,而家庭是社会的基本单元。它所承载的教育是特殊的,孩子在进入幼儿园之前大多生活在家庭当中,这一阶段孩子接受的所有教育都是父母给予的。

进入学龄期的孩子将会接受学校教育,那么是不是就可以认为家庭教育结束了或者不重要了呢?答案当然是否定的。在孩子进入学校接受教育时,家庭教育依然起到非常重要的作用。在理想状态下学校教育实施的是素质教育,但由于现实与理想之间存在着差异,学校教育还不能把相应的内容全部教给孩子。另外,再好的学校教育也需要家庭教育与之相配合,所以家庭教育具有长期性。

(二)家庭教育的局限性

在这里我们引用一个哲学观点,任何事物都具有两面性,家庭教育也是如此。家长在实施家庭教育时,不可一叶障目,不能只看到其中的优点,更应看到其中的缺点,这样才能在家庭教育中稳步前行。家庭教育的局限性主要体现在以下几个方面。

1.达不到专业水准

男女双方经过恋爱、婚姻组成家庭,然后他们的孩子降生。大多数家长在第一次做父母时,内心并没有做好充分的准备。在这种状态下抚养下一代,可想而知,他们内心是多么无助。还有的年轻夫妻自己的思想还不够成熟,孩子就出生了,这些因素无疑给抚养下一代带来了巨大困扰。

相反,那些思想成熟或有过第一胎抚养经验的夫妻,还有那些去父母学校接受培训的夫妻,他们的孩子出生后,家庭教育会相对好一些。

2.无客观性评价

一些年轻父母由于学识浅薄、性格暴躁、事业不顺,当孩子犯错误时,不问缘由直接打骂。当有人向其指出孩子不能打骂时,他们会立刻反驳道:"自己的孩子自己管,棍棒底下出孝子。"像这样的例子不胜枚举。那么这种教育方式到底存在什么问题呢?父母管教孩子的方式、方法到底对不对呢?往往孩子的父母主观认为是正确的,即便是一些很有学识的父母在管教孩子时,也很少去思考还有没有更好的方法或者更适合孩子的方法。

这就缺少了对教育的客观评价,社会上虽然也出现了一些面向父母的培训讲座,但是在数量上远远不能满足当今社会的需求,绝大多数父母不能受到专业的帮助。

3.极易感情化

父母教育孩子时往往会出现两种情况,一种情况是特别溺爱孩子;另一种情况是简单粗暴。严格来说,这些都不利于孩子的成长。父母过分娇惯孩子,孩子的大事小事都由父母包办代替,长期下去,孩子极易形成自私心理,只要有好事首先想到的是自己,只要在自己身上发生不顺心的事,第一时间想到的就是父母,绝不会自己想办法解决。

很多父母在外忙碌了一天,回到家中看到孩子犯了错就一味地指责痛骂。殊不知,孩子的成长是建立在多次犯错的基础之上的,天下没有一个孩子不会犯错误,家长一定要认识到孩子在生活中犯错是极为正常的现象,父母不必大惊小怪。一些脾气不好的父母为了帮助孩子改掉错误,往往采取一些言行粗暴的方法,久而久之,在孩子心中就会埋下暴力的种子。

第三节　中国家庭教育的发展历程

中国的家庭教育思想源远流长,几千年的历史沉淀,家庭教育从产生到发展,经历了数个朝代,在不同的历史时期有着不同的特色。我们要研究家庭教育,必须对中国历史上各个朝代的家庭教育方式进行分析,这样才能全面地了解中国家庭教育。

一、奴隶社会的家庭教育

奴隶主阶级对家庭教育非常重视。早在夏、商、周时期,帝王家庭就设有专人负责太子、世子的保育和教育工作。据历史记载,太子、世子尚在襁褓之时,家中就为其设保傅之官"三公"及其副职"三少",负责培养太子、世子将来在政治生活和社会生活中所需的品德、知识与才能。"三公"为太师、太傅、太保,"三少"为少师、少傅、少保,这些人实际上就是奴隶主贵族的家庭教师。他们有不同的分工:保,负责身体保育的方面;傅,负责道德培养的方面;师,负责知识和经验的教导方面。[①]

奴隶主家庭非常重视孩子的家庭教育,他们的教育目的主要是为社会的政治、经济、文化服务,在政治统治中能镇压奴隶,在经济上能发展奴隶社会的生产力,在文化上能发展奴隶社会的文化向心力。

二、封建社会的家庭教育

我国封建社会时期的教育发展已经有模有样,主要体现在不仅有家庭教育的记载,还有私塾的创立。

封建社会性质决定了家庭规模一般都较大。统治者也十分重视家庭教育。孩子在进入私塾前都有严格的家庭教育,但由于思想极度落后,往往只有家中的男孩才会享有更多的受教育机会。当孩子到达入学的年龄时,就会被送进私塾读书。那时的私塾多由家族创办,实质上相当于现在的九年制义务教育。当孩子被送到私塾后,学习内容相对于家庭教育广泛了许多,包括识字、读书、算数、学问、道德教育、生活技能等。

封建社会尤其强调"三纲五常",培养忠君的顺民;提倡孝道教育,要求子女绝对服从家长的意志,家长有权对子女任意处置和体罚;宣扬"男尊女卑",对男孩和女孩的教育采取不同的方式与理念。

---

① 李燕,吴维屏.家庭教育学[M].杭州:浙江教育出版社,2009.

三、中国近代的家庭教育

中国近代是指从 1840 年到 1919 年这段历史时期。鸦片战争结束后,家庭教育思想进入了历史转折期。甲午战争结束后,以梁启超、康有为为代表的维新派吸收国外先进的教育思想和文化,从而将学习运动推广开来,传统思想观念和教育体制受到了猛烈的冲击,新文化与新式学堂迅速崛起。

家庭教育作为国民教育的一个重要组成部分,也在这种大环境的影响之下开始了变革,学科知识出现在家庭教育的内容中。中国古代的教育思想开始和西方教育思想相互融合。此时社会开始涌现了大批教育专家、心理学家,他们为国民教育贡献着自己的毕生精力,为指导后辈走向教育一线,编著了大量家庭教育相关著作,供后人学习。

四、中国现代的家庭教育

中国现代是指 1919 年至今的这段时期。由于社会的变革,中国出现了一些热衷于国民教育的学者,他们从西方国家留学归来,不仅丰富了自己的头脑,还把国外先进的思想带回了中国。他们用科学的理念、前沿的思想带动了家庭教育理论的快速形成,为家庭教育提供了科学指导,也为今后中国家庭教育理论的研究奠定了坚实的基础。

陈鹤琴是我国现代家庭教育的杰出代表,在 1925 年就发表了著作《儿童心理之研究》。这部著作主要探讨了 3 岁前儿童的心理发展,这为以后的儿童心理学家提供了有力的研究基础。

陈鹤琴十分重视儿童时期的教育与发展,他的家庭教育理论是在自身家庭教育实践中形成的。他基于儿童心理学理论提出了一系列的方法和原则,然后将这些方法和原则生活化,并且举出大量生动的案例,使研究者较易理解并掌握。

新中国成立以来,由于不同时期的国家政策、经济水平、家庭结构等因素的影响,我国儿童的家庭教育呈现出不同的特点。20 世纪 50 年代到 70 年代,我国家庭通常子女较多,家庭教育的内容以文明礼貌、艰苦朴素为主;到了 20 世纪八九十年代,家庭教育发生了许多变化,多数家庭是独生子女,创造教育和情感教育成了家庭教育的主要内容。同样在我国不同区域,由于开放程度、生活水平不同,家庭教育也出现了很多鲜明的特点。通常情况下,经济较好的家庭会在子女的教育投资上更大一些,而经济状况稍微差一些的家庭则更加注重孩子生活技能方面的教育。

思 考 题

1. 联系实际说明现代社会家庭的主要特点。
2. 家庭的主要功能是什么?

3. 家庭教育相比学校教育有什么不同？

4. 根据自己的成长经历，浅谈家庭教育的作用。

5. 你是怎样理解家庭教育对促进个人成长所产生的积极影响的？

6. 论述中国家庭教育在历史发展过程中的进步。

案 例 分 析

在美国，有两个家族都已繁衍了八代子孙。一个家族的始祖是 200 年前康涅狄格州德高望重的著名哲学家嘉纳塞·爱德华。由于他重视子女的教育，并代代相传，在他的八代子孙中共出了 1 位副总统、1 位外交官、13 位大学院长、103 位大学教授、60 位医生、20 多位议员……在长达两个世纪的时间里，竟没有一人触犯法律。

另一个家族的始祖是 200 年前纽约州的马克斯·莱克。他是个臭名昭著的赌棍加酒鬼，开设赌馆，对子女教育不闻不问。在他的八代子孙中有 7 个杀人犯、65 个盗窃犯、324 个乞丐，因狂饮死亡或成为残废的达 400 多人。

这两个家族的八代历史，告诉我们家庭是子女的第一所学校，父母是孩子的第一任教师，潜移默化的家庭教育，将会直接影响到子女的人生观、价值观、世界观的形成。

通过上述案例，谈谈你是怎样理解"家庭是子女的第一所学校"这句话的。

第二章 家庭教育的影响因素

家庭教育通常是以家庭为基本单位逐渐发展起来的,影响教育的诸多因素中都与家庭有着或大或小的联系。当父母在实施家庭教育时,会无形之中按照自己的理念、观点去形成自己的教育方式,而每个家庭的父母所拥有的理念、观点各有不同,就会产生不同的教育方式以及教育成果。单从这一点可以归纳,父母的自身素质是家庭教育的首要因素。当然,家庭教育的影响因素还有家庭的环境、父母对子女的态度、夫妻关系的融洽程度、亲子关系等。

第一节　父母自身的素质

孩子在幼儿期,甚至整个少年期,家庭一直是他们最主要的生活场所。曾经有人这样形容孩子的成长:"小孩子就如同一棵小树苗,需要阳光及雨露的陪伴,才会长成参天大树。"这里的阳光及雨露就是父母的陪伴以及良好的教育方式。自孩子出生后,父母就要为孩子的衣食温饱默默地付出,还要根据孩子不同时期的特点实施不同的教育。父母是孩子的第一任教师,父母对孩子的责任是多方面的,不仅要保证孩子身体的健康成长,还要给予孩子最好的智力教育和情感培养。在整个家庭教育体系当中,父母的自身素质将会直接影响教育效果。

一、父母的文化素养

父母的文化素养是影响家庭教育实施效果的一个重要因素。一方面,父母的文化素养很大程度上决定着他们的理想、情操、道德水平、思想境界、教育能力和教育方式;另一方面,文化素养又决定着他们处理家庭关系的能力、家庭的生活方式、职业性质以及收入情况,进而也决定了孩子在什么样的家庭环境中成长。

父母自身的文化素养和教育程度有着较为直接的关系,相对来讲,父母接受教育时间越长,自己的努力程度越大,自身的文化素养就越高。通常情况下,文化素养高的父母,会较注重对子女家庭教育的探索与研究,尤其较注重心理学和教育学的研究与学习,这些知识必将对孩子的教育有着极大的促进作用。

（一）生物卫生学知识

每个家庭的孩子都是经过生物学遗传来到人世间的，他们会具有一些先天的身体素质，作为父母要对孩子出生后具有的遗传基因进行了解，从而判断孩子可能或者会具有哪些遗传特征。例如，父母都有近视眼，就要格外督促孩子平时少看电子产品，学习时更加注重孩子的坐姿等。又如，父母要根据孩子的成长状况在适当的年龄让其摄入适当的营养，并在日常生活中给予健康知识的讲解和各种疾病的预防。

（二）心理学知识

父母要想提高自身素质，需要对心理学知识进行学习。这不仅要求父母学习心理学基本理论，还要学习具体的实战经验，从而在变幻莫测的环境中分析和掌握事物发展的基本规律，以便在家庭教育中发挥作用。

由于心理学是一个较为复杂的学科门类，有很多的分支，因此，父母可有选择地学习儿童心理学、认知心理学、发展心理学、社会心理学等内容。

（三）教育学知识

教育学知识是指结合孩子各个年龄段的身心特点，对孩子进行科学教育的知识。父母只有学习、掌握了教育学方面的知识，才能在孩子的成长过程中更好地教育孩子。例如，父母学习了关于孩子成长过程中的相关知识，才能在陪伴孩子成长的过程中，既能掌握教育理论，又能分析孩子的成长规律。这是理论与实践的有效结合，也是父母与孩子共同成长的推动力。

二、父母的教育观念

父母的教育观念通常是指父母在培养孩子的过程中，自身所持有的教育观点。每一位父母都是根据自身的教育观点行使教育手段，从而达到家庭教育的目的。父母的教育观念不仅制约着父母对教育知识、能力的运用，也直接影响着父母对孩子的教育内容和教育方式。父母的教育观念通常包含以下几个要素。[①]

（一）儿童观

儿童观主要是指父母对儿童身心发展规律的认知。家长的儿童观将会直接影响到他们对儿童的教育方式和教育行为，也会直接关系到儿童能否健康成长。父母怎么看待儿童决定了他们怎样教育儿童。因此，父母必须从以下两点加以认知。

---

① 陈帼眉.家长的教育观念[J].父母必读,1992(2).

1. 儿童是一个独立的个体

孩子是独立的人,拥有独立的人格和尊严,并且将在今后独立地进入社会去创造属于自己的一片天地。在成长过程中,他们的自我意识、行为意识正在慢慢形成。父母应当尊重孩子对自己未来生活的选择,并且在孩子成长的道路上帮助孩子少走弯路,和孩子共同成长,不能代替孩子成长。

2. 儿童是未成年人

儿童在物质上需要来自父母的照料,在精神上也需要来自父母的关爱。孩子处在成长过程中,思维方式还不成熟,在认知、智力等方面发展还不完善。家长要允许孩子犯错误,与孩子共同认识错误,而不是将自己的想法强加于孩子身上。即使父母的想法是正确的,也并非都适合身心尚未成熟的未成年孩子。

(二)人才观

人才观是指家长对子女人才价值的主观看法和自身理解。家长的这种理解将会直接影响父母对孩子的期盼,现实生活中大多数父母都会为孩子今后所从事的事业给予方向性指导。在当今社会快速发展的轨道上,父母片面的人才观已经难以适应社会对人才的需求,因此,家长需要及时调整和树立更加全面、科学的人才观。拥有更好的人才观,应具有以下观点。

1. 人人都能成才

不管在学校,还是进入社会,人与人都有着明显的差异,不能一概而论地说学习成绩好的学生将来会更有出息,成绩差的学生将来一定不能有所作为。学生在校期间成绩好,只能说明该学生在学习方面更有优势,不能说明该学生综合实力更强。成绩相对较差的学生只是成绩稍差一点儿,实践能力和创新能力也许更强。也就是说,每个个体都会有所不同,只要发展自己的长处,定能在今后的事业上有所作为。在孩子成长过程中,父母一定要给予孩子自信心,始终相信孩子,做孩子最坚强的后盾,这会在孩子的成长道路上增添强大的推动力。

2. 行行出状元

中国有句古话:"三百六十行,行行出状元。"随着知识经济的快速发展,社会产业的加速变化,行业之间的交替发展,当今社会在人才培养方面已出现了多元化。这种经济发展的模式决定了在人才培养的过程中,既需要大量的劳动型人才,也需要技术型人才,更需要创新型人才。因此,家长在教育孩子的过程中,需要认识到自己的孩子与同龄孩子的不同,要看清自己孩子在哪些方面具有天赋和特殊才能,并鼓励其发展,这往往会为他们将来走向社会打下坚实的基础。

3.终身学习的人才观

一个人要想在当今社会的闯荡中永远保持战斗力,必须有终身学习的意识。学习并非只是在学校进行,在学校中只能学习基本的文化知识和理论基础,很多工作方面的知识和实践技能需要在工作期间不停地学习。随着现代中国知识、经济、科技的快速发展,昨天的知识也许已成过去,这就意味着我们需要不断学习才能避免落伍于社会、落伍于当今社会的发展。

(三)亲子观

亲子观是指父母在和孩子的交往互动过程中所产生的对亲子关系的看法与认知。不同的亲子观将会直接影响对孩子的教育态度和教养方式。父母要有科学的亲子观,首先要认识到孩子与自己具有亲情关系。父母和孩子是通过血缘关系联结在一起的,父母要对孩子的成长负责,既要有爱护、关心,又要有情感方面的支持;其次,父母要认识到孩子是具有社会属性的,总有一天他们要走向社会,需要在社会这样一个大家庭中担当起一定的责任和义务,需要为社会做出贡献并且得到回报。因此,在家庭教育中,父母教育孩子时,不能凭着自己的感觉进行,而要遵守社会公德和社会发展规律,把子女培养成为对社会有用的人才。

三、父母的教育能力

教育能力是父母在自身教育观念的影响下,运用教育知识对孩子进行教育指导的能力。父母们有了教育知识还远远不够,还需要有运用知识来解决实际问题的能力,家长的教育能力有以下几个方面。

(一)善于沟通的能力

家长对孩子实施教育,需要在一定的环境中,卧室、客厅、公园……生活中的很多场所都可以成为教育的场所,同时还要进行语言交流。在语言交流中,父母要学会用准确、生动、亲切的语言与孩子交流,这需要一定的沟通技巧。孩子在成长过程中难免会犯错,当孩子犯错时,批评孩子的语言把握得是否精准,将会直接影响孩子今后对待错误的态度。

(二)选择方法的能力

如果孩子犯了同样的错误,让十个家长过来处理,他们可能会有十种方法。即使这些家长都学习了教育学和心理学的相关知识,但由于他们处在不同的环境,持有不同的教育观念,所选择的方式也一定会有所不同。当然也没有规定在孩子犯错误或出现困难时,家长一定要运用哪一种固定的方式。有时候方法并非只有一种,只要能有效解决问题,对孩子身心发展有所帮助,并能起到鼓励孩子进步的效果,这样的方法就是好方法。

（三）分析问题和解决问题的能力

父母在和孩子共同成长的过程中会遇到各种各样的问题,作为父母一定要有分析问题和解决问题的能力。在这里要运用到一个哲学术语——因果关系,有时候一个结果可能是由一个原因或多个原因引起的。例如,孩子期末考试成绩不理想,如果是专横的家长,那么他看到孩子分数后可能会不分青红皂白地数落孩子一顿,但是睿智的家长就会帮助孩子进行归因分析,考试成绩不理想可能是由于考试时身体状态不佳、平时没有复习好、试卷较难、学生智力问题等原因导致的。例如,一个学生因为试卷较难而刚刚及格,班级的最高分也才高出及格线七八分,如果父母看到孩子的分数就数落孩子学习不努力,孩子会非常委屈,虽然刚过及格线,但在班级中的名次已是比较靠前的,这就冤枉了孩子。轻则孩子会认为父母比较偏执,重则会造成亲子关系的紧张,所以作为父母一定要有分析问题和解决问题的能力。

第二节　夫妻关系

在家庭生活环境中,良好的夫妻关系是维系家庭和睦的基础,对孩子的成长和家庭教育的实施起到强有力的促进作用。

一、良好的夫妻关系的正面影响

（一）影响孩子的健康成长

夫妻关系是否和谐将会直接影响孩子的健康成长。孩子在父母相亲相爱的环境中成长起来,自然也能明白人与人之间需要相互包容、相互爱护、相互理解与相互支持的道理。

（二）对孩子未来进入社会有正面帮助

当孩子学业有成时,会进入社会选择合适的职业,在工作期间,会遇到各种各样的难题,需要人与人之间相互合作、相互交流,才能完成预期工作。如果一个孩子在不健康的家庭环境中成长起来,今后走向工作岗位,他的为人处世能力将会令人担忧。但在良好的夫妻关系环境中成长起来的孩子,会习得更多的为人处世的道理。例如,具有相互合作、相互尊重的优良品德及良好的社会适应能力等。

二、恶劣的夫妻关系的负面影响

良好的夫妻关系会对家庭教育产生极大的正面影响,那么恶劣的夫妻关系自然会对孩子的家庭教育产生极其强烈的负面影响。

（一）使孩子缺乏安全感和归属感

恶劣的夫妻关系通常表现为夫妻双方三天两头吵架、不体谅对方、互相看对方不顺眼等，这样时间久了会导致分居、离异等现象，孩子在这种家庭环境中生活会缺乏安全感和归属感。在心理上，孩子会认为父母不管怎么相处也是无济于事，那么自己长大之后是否也会遇到同样问题呢？自己今后走向工作岗位是否能与同事友好共处呢？父母这样经常争吵下去，会不会不要自己了？会不会在今后的某一天也会和自己这样吵？这些问题或许今后不会出现，但对于还处在童年时期的孩子来说，假如父母的关系不融洽，那么这一系列的问题将始终在脑海中徘徊，时不时地在脑海中闪现父母不和谐的场景，长期这样下去，孩子的内心就会缺乏安全感。

（二）影响孩子性别角色的发展

夫妻关系本质上是男性角色和女性角色的互动，孩子总是要向其中一方学习并形成性别角色观念和行为模式。心理学家常常将良好的家庭关系比喻为"铁三角"，即丈夫、妻子和孩子各是这等边三角形的三个顶点。我国现代家庭普遍存在一些问题，往往不能形成很好的"铁三角"，比如父亲缺席，母亲与孩子过于亲密，再比如父母有一方抱怨另一方不负责任，而与孩子建立同盟关系，这些问题都会使这个等边三角形倾斜。家庭关系一旦出现倾斜，将会对整个家庭，尤其是孩子产生不可估量的负面影响。[①] 因此，要向孩子实施良好的家庭教育，必须做到夫妻之间的和睦相处。

（三）家庭结构变化而产生的影响

在当今社会发展中，由于各方面的原因导致夫妻双方离异、分居、再婚的情况比比皆是，这会使原来的家庭环境发生变化，不管是离异、分居还是再婚，对孩子的伤害都是巨大的。研究发现，分居家庭的孩子心理异常较为明显，在分居家庭里和母亲一起生活的孩子和与父亲一起生活的孩子相比，心理异常较为明显，女孩的心理异常比男孩更加突出。这些孩子的心理异常的表现是爱胡闹、胆子小、不合群、紧张、焦虑。有时候父母短暂的分居，对孩子也会产生明显的心理阴影。

近年来，我国的离婚率逐年上升，父母再婚的现象也十分普遍，父母再婚对孩子的心理影响十分明显。再婚父母的孩子与离异后未再婚的孩子相比，前者的心理问题较多。父母再婚后孩子最大的问题是难以适应新的家庭环境。原有的环境与新的环境有着很大的区别，当孩子进入新的家庭环境后，调整起来有一定困难。以上种种因素，将会对孩子现阶段和今后的心理成长产生严重的负面影响。

---

① 何俊华，马东平.家庭教育学[M].北京:清华大学出版社,2017.

三、保持良好夫妻关系的方法

（一）夫妻之间以诚相待

有句话是这样说的,真诚是人类最高尚的品质。人与人相处应当如此,夫妻之间更应当如此,一方的真诚付出将会获得同样真诚的反馈。现实生活中,有的夫妻在相处中总是出现谎言与欺骗,久而久之,就会被另一方所发现,即使今后改正了,还会给对方留下不诚信的印象。所以这就告诫我们,夫妻关系建立的那一刻起,就要对另一方真诚,这是保持良好夫妻关系最为基本的因素,也是最为重要的因素。

（二）相互尊重

夫妻在结婚之前需要一段时间的相互了解,应该在相互认可对方的情况下才选择走进婚姻的殿堂。结婚之后要相敬如宾,有时夫妻之间也会产生一些小矛盾,但无过错一方要有大度的胸怀去原谅对方、包容对方,不可斤斤计较。

（三）要学会用欣赏的眼光看待对方

不论是夫妻,还是生活中遇到的每一个人,都有优点和缺点。金无足赤,人无完人,作为夫妻双方要学会发现对方的优点,不能盯住对方的缺点不放。如果总是盯住另一半的缺点或者将其缺点无限放大,久而久之必定会影响夫妻关系的正常发展。实践告诉我们,只有善于发现对方的优点,并肯定对方的优点,才能更好地发展夫妻关系。

（四）对家庭美好未来有期望

每个人都想过自己想要的生活,对于结过婚的夫妻也是一样,夫妻双方都想努力把自己的家庭建设成为自己想要的状态。在家庭生活中,夫妻双方可能会存在一方工作能力强,另一方工作能力欠缺的情况,作为夫妻绝不可嫌弃对方,对另一半有所抱怨。实际生活中的每个人也好,每个家庭也好,都会有所差距,有追求是好事,但不能过分地和别人进行攀比,这也会影响正常的夫妻关系。

只要夫妻双方在共同的信念之下,努力地为家庭打拼,相信在不久的将来,就会有自己想要的生活。

第三节　父母的教养方式

父母仅有家庭教育相关知识是不够的,还要有正确的教养方式与之匹配,才能有更好的效果。下面是家庭教育中常见的几种教养方式。

一、独裁型教养方式

独裁型父母要求孩子要绝对顺从自己,他们从不判断自己的教育内容对与否,从不向孩子解释自己做法的原因和规则,更不会听取孩子的意见,常常采取体罚或者强迫的方式要求孩子做一些不愿意做的事情。

独裁型父母的孩子从小被教导服从父母的要求和决定,他们对父母的决定没有任何质疑,也从不尝试自己做决定。在这种生活环境中长大的孩子,通常内心对他们的父母有很大的敌意,深深地厌恶他们的控制和支配,较少认同自己的父母。长期的压抑会导致孩子情绪的爆发,公然挑战父母的权威,从而产生敌对和叛逆心理。当孩子心理上产生逆反,轻则影响生活与学习,重则离家出走以及对社会产生破坏行为。

二、放任型教养方式

放任型教养方式的父母养育孩子时过分溺爱放纵,对孩子疼爱有加,对其行为不加控制和引导,也几乎不提任何要求。然而孩子的成长过程中需要家长通过建立规则、规范,让孩子意识到任何事情都是有边界的,自己不可以随心所欲。放任型父母对孩子的教育方式没有任何的界限,从来不约束孩子看电视、玩手机的时间,孩子想什么时候玩就什么时候玩,吃饭的时候从不好好吃饭,可以在任何时间吃想吃的食物。

无论何种原因,放任型父母对孩子的溺爱和放纵都会影响孩子的心理健康与未来发展,放任型教养方式会使孩子的约束感降低、行为随心所欲、不关心他人的感受、不能体谅别人。在放任型教养方式中成长起来的孩子很少顺从,较任性、冲动、幼稚,很难适应集体生活,也很难形成良好的人际关系。同时这些孩子对成年人有过度的要求和依赖,没有恒心,不能吃苦,难以坚持完成一个任务。我们常常看到在父母的溺爱中长大的孩子,缺少较高的成就动机,很难主动为了自己的理想生活而持续奋斗。

三、忽视型教养方式

忽视型教养方式往往对待孩子要求较低,没有什么特别的期望。这类群体的父母常常因为夫妻感情不和、工作不顺利或被各种压力牵扯更多的精力,或者过于关注自己的事情从而忽视对孩子的管教。他们往往沉浸在自己的世界中,对孩子的成长漠不关心。忽视型父母对子女几乎没有什么要求和行为标准,感情冷漠,和孩子之间很少有互动。

从家庭教育学的角度上讲,可以认为这类父母的行为是对孩子的虐待,越早的忽视孩子,越会阻碍孩子在各个方面的发展,包括依恋、认知、情感、社交技能等。即使忽视的程度不严重,也依然会使孩子出现很多的问题,比如易怒、反叛、自我控制能力差,对一切都采取消极的态度,在学校里表现较差等,甚至在将来进入工作岗位还会出现反社会行为,极有可能走上犯罪道路。

四、权威型教养方式

权威型教养方式被当今众多教育专家评为最为理想的教养方式。权威型父母常常树立权威,对孩子理解、尊重,经常与孩子沟通交流,常常为孩子的烦恼给予应有的帮助,他们就像孩子的朋友一样,因此权威型教养方式也被称为民主型教养方式。

权威型父母不仅对孩子有合理的要求,对孩子的行为也总是做出适当的限制,会为孩子设立一定的行为目标,并坚持要求孩子服从并且达到这个目标。同时积极地关注孩子的情绪和行为反应,以便及时调整。综上所述,这类家长对孩子是理性、严格、民主、尊重、耐心和关爱的,同时权威型教养方式被认为是理想和恰当的教养方式,应被广泛应用。

父母采用什么样的教养方式,属于哪种教养类型,会受许多因素的制约,具体有以下几种。

1. 父母本人的观点

父母本人的个性和信仰,对社会化目标的看法,对孩子的期望,对孩子能力的评估以及对儿童期孩子的看法。

2. 儿童自身的特征

儿童自身的特征包括气质、性格、动机、能力和兴趣爱好等。

3. 家庭内部环境

家庭内部环境有婚姻关系、婆媳关系、经济水平、住房条件等。

4. 家庭外部环境

家庭外部环境有工作单位人际关系、邻里关系、社交网络、社区等。

5. 社会文化和亚文化

对孩子的管教和养育方式在不同的文化环境影响下会有不同的表达方式。父母的同一种教养方式,在一个社会可能被认为是可接受的,但在另一个社会或亚文化地区就可能遭到排斥。

第四节　亲子关系

亲子关系是指以血缘关系和共同生活为基础,家庭中父母与孩子之间相互影响和相互作用所构成的人际关系。它具有三层含义:一是生物学意义,即血缘关系;二是社会学意义,主要是法律、制度、地位等关系,即亲子间的权利和义务;三是心理学意义,主要解释特定的情感态度、行为方式等方面的联系，即最亲密的情感关系。

一、亲子关系对家庭教育的积极作用

亲子关系的质量将会直接影响家庭教育的质量，这两者呈现必然的因果关系，亲子关系对家庭教育的积极影响将有以下几点作用。

（一）良好的亲子关系可以促进儿童心理成长

从儿童心理学的角度出发，儿童的心理发展需要一个良好的环境，这个环境既包括物理环境，也包括心理成长环境。物理环境是指家庭居住环境、家具的摆设和生活条件等；心理成长环境是指儿童在与父母互动的过程中体验到父母的爱，最为直接的表现是良好亲子关系的环境。

父母与孩子在良好的环境中进行互动，可以使孩子获得安全感和归属感，从而降低孩子的紧张、不安、恐惧与焦虑等消极情绪，还可以使他们轻松、自在、愉快等积极情感得到充分发展，从而形成独立、自信、谦和、友爱、协作等优秀品质。

（二）良好的亲子关系可以促进儿童的语言发展、人格形成

实践证明，亲子关系对儿童的心理和行为发展有十分重要的意义。心理学家发现，婴幼儿时期的母爱被剥夺，如双亲双亡或无力抚养孩子时，儿童会出现智力功能低下，甚至会产生严重的精神困扰等问题。如果婴幼儿与母亲分离时间不超过三个月，则亲子关系容易建立，幼儿的发展也很快可以恢复。如果分离时间超过五个月以上，则亲子关系的建立会受到很大阻碍，对孩子的语言发展、人格形成与社会人际关系等方面将产生极其重要的影响。

（三）良好的亲子关系可以促进儿童个性的形成

母亲在与孩子的相处过程中，给予最多的是抚育、照料和丰富的情感以及言语的教导、具体示范、行为榜样、平时鼓励与错误纠正等。其中，母亲对婴幼儿积极的交往态度和丰富的情感交流，对孩子未来形成良好的人际关系和健康的情感具有奠基性的影响。这里并不是说家庭教育中父亲的作用很小，父亲在家庭中给予孩子的爱是任何人都不能替代的。父亲的爱，是孩子认知的根源，父亲的男性气质是孩子性格形成的源泉，父亲广阔的视野、丰富的知识，是孩子认知能力发展的动力。父亲在言谈举止、举手投足间，含蓄地传递着对孩子的关爱，父亲对孩子的爱将会影响孩子一生的成长与是否成才。

二、拥有良好亲子关系的方法

良好的亲子关系将会对家庭教育产生无形且巨大的力量，那么怎样建立良好的亲子关系呢？需要从以下几点考虑。

（一）父母和睦相处

孩子需要在良好的家庭环境中成长，父母是他们的第一任教师。父母要想给予孩子最好的教育，首先要从自身做起，夫妻之间必须相敬如宾、相互尊重、友好相处、生活中相互支持。孩子在这种和谐的家庭环境中成长，自然会有利于亲子关系的发展。

（二）教育方法得当

不管是在学步期还是学话期，不同的孩子会稍有差异。作为父母，在指导孩子时一定要有耐心，要相信孩子会做得越来越好。不能将自己的孩子和同龄优秀的孩子进行对比，这样无疑是在打击孩子的自信心，长期这样，一定会影响亲子关系的发展。当父母在教授孩子某一种技能时，会有一定的示范，做示范时绝对不可心急，恨不得孩子一教就会，也不可讲出孩子笨之类的攻击性语言。否则长期这样，孩子的认知会发生变化，他们在心理上就会疏远父母，会认为自己哪里都不行。这样不仅会造成亲子关系的紧张，还会使孩子的自信心发展受到严重的打击。

（三）和孩子相互尊重

要想和孩子友好相处，首先要认同孩子是一个独立的个体。即使孩子年龄还小，认知还不够，但是也会有自己的想法，孩子有了想法之后，不管对与否，作为父母一定要鼓励孩子说出来，这样不仅可以锻炼孩子的勇气，还能让孩子感受到父母对自己的尊重，这样的家庭教育方式将会极有力地促进亲子关系的良好发展。

（四）经常采取鼓励教育

孩子在成长期间难免会犯各种各样的错误，作为父母一定要认识到孩子犯错误也是一种成长，没有不犯错误的孩子。当孩子犯错误时，父母们第一时间要做的不是批评，而是要和孩子共同分析犯错误的原因，这样的教养方式，孩子自然会容易接受。

在家庭生活中，父母要有一双善于发现美的眼睛。要不停地发现孩子的优点和长处，当孩子做了一些值得鼓励的事情时，家长一定要及时表扬，孩子在接受表扬时，心理上会拉近和父母之间的距离，这也是促进良好亲子关系的方法。但在家庭教育中对表扬与批评要有顺序和数量上的讲究，即先表扬后批评，多表扬少批评。

思 考 题

1. 父母的教育观念有哪些？
2. 在家庭教育中父母要培养哪方面的教育能力？

3. 良好的夫妻关系有哪些正面影响？

4. 保持夫妻良好关系的方法有哪些？

5. 为什么说权威型教养方式是最恰当的教养方式？

6. 培养良好亲子关系的方法有哪些？

案例分析

请学会爱子的艺术①

在网上，流传着这样一篇文章，题为"如何毁了孩子"，文章列举了摧毁孩子自尊的具体方法，作者以反语的手法，历数了父母的错误教育方式。这些方式也许正是很多家长经常使用的，在此列举如下，希望家长们可以自省。

1. 让孩子觉得自己什么都不行，没人赏识他。例如，学习不行、长相不行、交际不行、干家务不行、马虎、粗心、没责任心、让家人为他受累……总之，他没有行的地方。

2. 经常拿比他"行"的人刺激他。例如，这种类似话时常挂在嘴边："看人家××，从不让父母操心""谁谁整天玩，都学得比你好"这类话最具打击力和摧毁力，是毁孩子的王牌语录。

3. 父母把自己塑造成为家庭牺牲者的形象。这样会使孩子产生罪恶感，而拥有罪恶感的人往往采取自暴自弃的方法度过一生。例如，经常告诉孩子，自从有了他，家长为他操碎了心，都累出病来了，最好再具体说出哪种病是由他造成的。或者说，如果不是为了照顾他，自己早就在事业上有大发展了。

4. 和孩子说话时口气绝不能和蔼，切不可使用商量的口吻，一定要使音量达到70分贝以上，一定要使用命令式的口吻。如果还能配合一些挖苦、讽刺的汉语词组，则效果更佳。如"你真蠢""你混""没见过你这么傻的""怎么生了你这么个东西"，等等。

5. 孩子的一切要由你来决定，他的行踪你要密切注视。他如果有日记，一定要设法查看；他如果有信件，一定要审查。这种做法会让他产生自我怀疑，怀疑自己是一个受人操纵的木偶。一个怀疑自己的人是绝不可能奋发上进的。

6. 要学会迁怒的本事。单位上遇到不顺心的事，回家后要想方设法找理由给孩子泼冷水。无论什么事都归咎于孩子的过错，然后教训他，并制止他流眼泪。这样做同样会使孩子自我怀疑。

7. 攻击孩子的兴趣爱好和人生价值观。处于青春期的孩子都拥有自己独立的兴趣爱好和人生价值观，这些体现了孩子的人格尊严，要想摧毁应该这样说："这些爱好有什么意义，浪费时间，用来学习不知道能学到多少知识了。""这些思想幼稚无比，脱离现实。"给孩子的灵魂深处以重大打击，使其理想彻底破灭。

---

① 胡春萌.请学会爱子的艺术[N].天津日报，2010-08-21(005).

8.当众使孩子出丑。要想彻底毁掉他,这条才是杀手锏。你一定要当着外人(或同学或亲友或邻居)的面损他、贬他,让他无地自容。从心理学角度讲,这样做能使一个人产生惧怕社会的心理,产生自惭形秽的念头,而一个惧怕社会和自惭形秽的人是很难立足于社会的。

结合案例,浅谈家庭教育中父母的教养方式对孩子的影响。

第三章

家庭教育的目的、任务和内容

家庭教育的目的,是家庭教育活动的出发点和依据,也是教育实践活动的归宿。它制约着家庭教育的活动,以期获得某种效果。家庭教育的任务、内容、教育方法和手段,以及各种教育活动,都是依据一定的家庭教育目的确定的。家庭教育的目的制约家庭教育活动的方向,一切家庭教育活动都是实现家庭教育目的的过程。具有明确的家庭教育目的,家庭教育活动才会朝着预期的方向进行。家庭教育过程的每一步都至关重要,不容忽视。

第一节 家庭教育的目的

家庭教育过程是父母围绕着一定的主题开展活动。既然有一定的主题,那么就会有对应的家庭教育目的。家庭教育目的是父母对社会的理解,在自己的脑海中由主客观因素建立起来的基本想法。这种最为基本的想法将会引导父母主动寻求对孩子的教育方法。

一、家庭教育目的的含义

家庭教育目的是指在家庭教育中的施教者,通常是指父母,在未来一段时间内将孩子培养成为一个什么样的人。家庭教育目的是家庭教育的指导思想、方向和出发点,具有客观存在性。在家庭环境中,家庭成员不管自己的言行有无意识,客观上都对家庭其他成员具有教育意义,主要是孩子接受着教育,并且达到一定的教育目的,同时自身也在接受着教育。家庭教育达到的理想效果,通常的标准是家庭成员幸福、孩子健康成长、长大后对社会有所贡献。

二、家庭教育目的的意义

在家庭教育的各个环节,教育目的是首要的,只有有了明确的教育目的,父母才能根据教育目的促进家庭教育方法、方式的开展。

（一）家庭教育目的促进孩子健康成长

家庭成员能否和睦相处，能否与亲朋好友相敬如宾，孩子能否健康成长，这些都与家庭确立了怎样的家庭教育目的密不可分。通常情况下，家庭一旦确立了家庭教育目的，那么父母的教育方法与教养方式将会和家庭教育目的产生必然联系。也许期间会稍有弯路，但总归是朝着确定好的教育目的前进的。

（二）家庭教育目的促进家庭幸福美满

父母有目的地对孩子进行教育，使其在德、智、体、美、劳全面发展。达到这一效果的基本前提是，父母自身要先创造和谐的家庭环境，这样孩子才能在良好的家庭环境中得到熏陶。父母这样做不仅给孩子做了良好的示范，还给孩子树立了榜样。一家人在这样其乐融融的环境中共同生活，自然会感受到家庭的幸福美满。

三、制定家庭教育目的的依据

社会教育目的是社会政治、经济、文化的客观反映，每个时期会有与之相对应的教育目的。一旦时代发生了变化，教育目的也会跟着变化。家庭教育目的也同社会教育目的一样，一旦时代发生了改变，家庭教育目的也会随之改变。通常情况下，家庭教育目的受到以下几个因素的制约。①

（一）家庭教育目的受社会生产力和科技发展水平的制约

家庭教育目的往往能反映当时社会的发展情况，所以制定家庭教育目的时首先会与社会生产力和社会发展水平相联系。封建社会以农业经济为主，人们的思想因以"忠""孝"为根本而变得保守、狭隘，于是"养儿防老""养儿守业"等家庭教育观念根深蒂固，当时的家庭教育目的就是生儿育女、传宗接代、光宗耀祖。

进入以机器生产为标志的资本主义社会后，人们顺应社会化大机器生产的趋势，认识到掌握科学技术是现代化生产的需要，必须有更开阔的眼界才能在社会竞争中获胜。于是，家庭教育更倾向于民主观念、平等观念的培养，更注重要求孩子掌握科学文化技术知识，促使孩子接受最基本的基础教育和技能教育。家庭教育目的更多转化为培养能适应现代社会化大生产的社会合格公民。

当今科学技术高速发展，社会已进入了信息时代，反映在家庭教育目的上就是必须注重现代科学文化知识的掌握，注重家庭成员能力的培养，注重对孩子智力的综合开发，培养孩子德、智、体、美、劳全面发展，使其在进入社会后能游刃有余。

---

① 李天燕.家庭教育学[M].上海:复旦大学出版社,2007.

（二）家庭教育目的受儿童不同成长期规律的制约

在家庭教育中，受教者即为儿童，儿童的成长不是一朝一夕的事情，在不同年龄期要采取不同的教育方法和制定不同的教育目的。例如，婴儿期（从出生至三岁）是父母帮助孩子发展的重要时期，也是形成安全依恋的关键时期，这一时期的教育目的主要是动作能力、安全感培养。幼儿期（3～6岁）是心理活动发展的基础时期，是个性形成的最初阶段。儿童在这一阶段会积极获取与自身有关的社会性知识与基本技能，表现出很多独特的发展标志。童年期（7～12岁）、青春期（13～18岁）也各有其发展特点和家庭教育目的。

因此，父母在教育孩子的时候，不管孩子处在哪个成长时期都采取同一种教育方法和教育目的是不妥的，这样的家庭教育注定是失败的。只有遵循孩子各个时期的成长特点和规律，并且制定与之相适应的教育目的和教育方法，才能促进孩子更好地发展。

（三）家庭教育目的受父母的文化素质、社会阅历的制约

众所周知，父母的思想、文化素质、个性、风格都会影响孩子的教育成果。通常情况下，文化素质高的父母对社会的理解会更深刻一些，他们分析问题和解决问题的能力相对较好，在培养孩子的过程中，制定的教育方法和教育目的也是有一定科学性的，相反那些文化素质相对较低的父母在给孩子制定教育目的时，考虑的因素易简单化，没有长远的规划，一些事情往往只会考虑其表，认为只要表面上做得过去就行。孩子在这样的家庭环境中接受教育，相比那些文化素质高的父母所创造的家庭教育环境来说是有所欠缺的。

（四）家庭教育目的受家庭所处的社会环境的制约

在一二线城市生活的家庭，父母相对具有高知识、高学历，也更加希望孩子能在社会化的大都市中站稳脚跟。因此，在孩子成长各阶段的教育内容都会与教育目的相关联。例如，什么时候该培养孩子智力，什么时候该培养孩子情商，什么时候该培养孩子社会实践能力等。而那些在偏远山区生活的家庭，父母则更希望孩子今后能比自己有出息，努力参与社会实践，把家乡建设得更美好。对比一下可以看出，处在不同社会环境的家庭教育目的会有所差异。

四、当代中国家庭教育的目的

（一）当代中国家庭教育目的概述

当代中国家庭教育目的概述：以促进社会发展为重要前提，推进人才培养战略，把即将进入社会的公民培养成为热爱国家、热爱生活、热爱事业的社会主义接班人，树立在学习上努力进取、在生活上知足常乐、在工作上有所追求的崇高理想。

（二）我国家庭教育的具体目的

在家庭教育总的培养人才的目标之下，我国家庭教育的具体目的是使孩子成为较为完善的社会人，努力使其在今后能对社会有一定的帮助，为国家的政治、文化、经济建设做出贡献。

我国家庭教育的具体目的体现在以下几点。

1. 为孩子创造良好的家庭环境

不仅包括家庭的物质环境，还包括孩子成长的心理环境。良好的综合环境，是孩子成长的基础。

2. 培养孩子与人交流

培养孩子怎样与家人以及家人之外的人沟通交流，培养孩子的语言能力及自理能力。

3. 帮助孩子健康成长

不仅仅是身体健康成长，更重要的是心理成长。身体健康成长主要是在孩子不同的成长期给予充足的营养；在心理成长方面，父母们就要更加注重寻求与年龄相对应的教育方法。孩子在婴幼儿期会有依恋心理的产生，在青春期会有叛逆心理的产生，这两种相反的心理状态，也是父母应该重视的。

4. 使家庭成为终身受教育的场所

家庭教育不但要坚持为家庭中的每一位成员服务，而且要求父母，甚至更多的长辈进行自我完善，这就需要家庭成员间不断地学习、交流，改变主观上一些固有的思想，这样才能达到共同进步的目的，让家庭成为终身受教育的场所。

第二节　家庭教育的任务

家庭教育是与学校教育、社会教育同等重要的教育形式，它与学校教育、社会教育既有区别，又有联系。这个没有统一教案的教育形式是个体人生中最为重要的教育。家庭教育的任务是复杂的，需要负责孩子各个方面的教育工作。

一、家庭教育任务的含义

家庭教育任务以家庭为基本单位，在父母和孩子互动的过程中，对孩子产生积极影响，促进孩子各个年龄阶段的心智和技能的综合提升，使其今后能为社会发展贡献自己的力量。

家庭教育任务的含义非常容易理解，简而言之就是父母要把孩子培养成为对社会有用的人。

二、完成家庭教育任务的前提

家庭教育任务的完成是一个长期过程，受很多因素的影响。以下因素对家庭教育任务的完成影响较大。

（一）父母的为人处世风格

父母做人做事的风格、态度以及处理问题、解决问题的能力都会潜移默化地影响孩子的成长。所以父母要想培养好孩子，首先要把自己打造好。

（二）重视家庭中所有成员的学习

父母是孩子的第一任教师，父母想要鼓励孩子努力学习，首先自己要进步。试想一下，下班后立刻打起麻将的父母，吵着让孩子回自己房间做作业时，孩子的内心是何等抗拒呢？

（三）想方设法创造良好的家庭氛围

轻松、和谐的家庭氛围将会有助于家庭所有成员的成长，还能有效促进亲子关系的发展。

（四）教育孩子方法上寻求多样化

父母在对孩子的教育方法上要灵活多样，不能总是一种教育方法不合时宜地出现，这会让孩子有"似曾相识"的感觉。

（五）重视家教、家风的养成

在家教、家风的养成方面，需要父母为孩子树立良好的榜样，父母想要帮助孩子养成良好的习惯，自己要以身作则。比如，父母让孩子不要睡懒觉，而自己却睡到中午，孩子又怎么会听从父母的教导呢？这就是言传身教的道理。

（六）对孩子因材施教

有些父母错误地认为只有孩子成绩好，今后才能有出息。其实不然，孩子成绩好，但是未必动手能力强；孩子成绩不好，并不能说明孩子笨，很有可能是孩子贪玩造成的。总之，父母要善于分析孩子的优缺点，因材施教，对孩子未来将会有极大的帮助。

（七）培养孩子多方面能力发展

现代社会教育讲究素质教育，因此家长在培养孩子方面，不能只注重智力发展。要同时兼顾孩子的德、智、体、美、劳全面发展。

第三节　家庭教育的内容

个体的理想状态是做一个全面发展的人，因而在各类培养人才的目标上，都强调德、智、体、美、劳全面发展。因此，对家庭教育内容的选择上应是全面的，且要重点突出。

从全面培养人的角度出发，家庭教育的主要内容有以下几个方面。

一、家庭健康教育

（一）家庭健康教育的含义

家庭健康教育是指通过家庭成员的身体差异，制订促进个人良好体质发展的具体方案，使家庭所有成员能在生活、学习中有一个强健的体魄。

人的健康不仅包含身体健康，还有心理健康。相对于身体健康，心理健康更为复杂。心理健康涉及与周围人的人际关系，表现在社交、生产、学习、生活上与他人保持较好的沟通或配合。心理健康的标准是自己能感受到健康、幸福与快乐。

（二）关于身体健康

身体健康是从事一切工作的重要前提。因此，家长要注重对孩子进行身体健康教育。

1. 世界卫生组织提出身体健康的十条标准

（1）精力充沛，能从容不迫地担负日常生活和繁重工作而不感到过度紧张和疲劳。

（2）处世乐观，态度积极，乐于承担责任，事无巨细不挑剔。

（3）善于休息，睡眠好。

（4）应变能力强，能适应外界环境的各种变化。

（5）能够抵抗一般性感冒和传染病。

（6）体重适当，身材匀称，站立时头、肩、臂位置协调。

（7）眼睛明亮，反应敏捷，眼睑不易发炎。

（8）牙齿清洁，无龋齿，不疼痛，牙齿颜色正常，无出血现象。

（9）头发有光泽，无头屑。

（10）肌肉丰满，皮肤有弹性。

2.提高家庭成员身体健康的方法

家庭成员身体健康是行使一切任务的前提,只有保证了家庭所有人员的身体健康,才能更好地进行家庭教育。

(1)父母可以经常与孩子交流有关健康的基本知识,可以通过电视、报纸阅读和网络报道等方式来向其他成员进行宣传,从而提高健康意识。

(2)家庭成员要掌握一定的健康知识,在家庭中养成良好的饮食习惯。父母要给孩子安排合理的饮食,介绍饮食中所含的营养成分,使他们了解各种食物的营养价值及膳食平衡的知识。

(3)要培养孩子良好的饮食习惯,不厌食、不挑食、不暴饮暴食,同时饮食也要定时、定量。

(4)家庭成员要养成良好的生活习惯。家庭成员生活作息要有规律,注意劳逸结合,注重个人清洁卫生。

(5)家庭成员要注重身体锻炼,每天应该安排一定量的室外锻炼。锻炼方式可以多样化选择,选择时可以结合家庭成员的兴趣爱好。

(三)关于心理健康

心理健康是衡量一个人是否健康的一个重要标准。了解并且掌握心理健康的相关知识对于增强与维护人们的心理健康具有重大意义。

1.心理健康的个体应具有的标准

(1)有完整的人格,有良好的自我感觉,有稳定的情绪。

(2)有良好的自控能力,能保持心理上的平衡,有自尊、自爱、自信心,能正确地评价自己。

(3)不管自己处在何种环境中,能很快适应陌生的环境,具有良好的适应能力,且能保持良好的人际关系。

(4)在任何环境中有适度的安全感,内心具有归属感。

(5)在社会竞争中遇到困难、挫折时,能够学会心理调节,能够适应和克服。

(6)在社交上,能够大度和善地待人接物,能助人为乐,与人为善。

(7)具有从经验中学习的能力,从而不断地改造自己,使自己更好地适应社会发展。

(8)能保持人格的完整,个人的价值观能适应社会的标准,对自己的工作能集中注意力。

2.提高家庭成员心理健康的方法

父母要想给孩子心理健康教育,首先自己的心理要健康。家庭成员要学会心理自我保健,培养良好的心态。需要从以下几个方面做起:

(1) 父母要正确地认知自己,客观地评价自己。例如,父亲首先要对自己能力进行评估,如果能力与之匹配,可放手去做;如果能力不足,仍要坚持去做,结果肯定会适得其反。这样只会给孩子留下一个不好的印象。

(2) 愉快地接纳自己。心理健康不但要求自己了解自己,而且要求愉快地接纳自己。愉快地接纳自己不是说要宽容或欣赏自己的缺点。要设法自我发展,不要憎恨自己不如别人,要想方设法让自己的长处得到高效的发展。

(3) 经常调适自己。个人的行为总要受到社会环境的约束,不能在社会生活中随心所欲。身处一个陌生情境时要学会适应环境,并且努力使自己尽可能快速地与环境相适应。

(4) 要热爱生活,善于发现现实社会一些美好事物中的乐趣。能积极憧憬美好未来,在社会实践中尽可能调动一切积极因素,使自己的潜力得到高效发挥。

二、家庭德育

(一) 家庭德育的含义

德育简而言之就是道德教育。家庭德育是指孩子在父母的指导下,通过一定的道德观念、社会意识、处世准则、行为规范的传授,在家庭生活的方方面面使孩子受到道德品质的教育。

有些人会认为,孩子的德育应该等到进入学龄期交给学校进行。事实上,家庭德育是学校德育的基础。

(二) 家庭德育的主要任务

(1) 培养热爱党、热爱祖国、热爱人民的道德情感和集体主义、助人为乐的精神。道德教育需要从小做起。由于孩子都偏好电子媒体,生活中父母可以和孩子共同观看一些文献片、道德伦理片,并且采用边看边讲解的方式和孩子共同成长。

(2) 培养个人品德与健全人格。道德教育最为基本的是道德品质教育,在此基础上培养健全的人格,追求认知与行动、心灵与仪表、感性与理性、技术与情感等方面都平衡发展。

(3) 培养日常生活中文明做事、遵纪守法的良好习惯;讲科学,不迷信;培养自尊自爱、诚实正直、积极进取、不怕困难等心理品质。

(4) 培养良好的行为习惯。父母要为孩子做好榜样,在言行中教育孩子遵守公民道德、职业道德和家庭美德,培养孩子勤俭自强、敬业奉献的道德品质和行为习惯,同时也要培养孩子善于分辨和抵制不良行为的习惯,提高孩子道德行为的自我控制和自我完善的能力。

三、家庭智育

(一) 家庭智育的含义

智育简而言之就是智力教育。家庭智育是家长在日常活动中对孩子进行学龄知识和技能传授的活动。

家庭智育对孩子的成长以及社会主义物质文明和精神文明建设具有重要作用,分为学前家庭智育和入学后家庭智育。学前家庭智育是孩子入学学习和成才的基础,入学后家庭智育与学校智育一致,是学校智育的补充。

(二)家庭智育的主要任务

1. 传授有关自然、社会的基本知识

家长要积极引导孩子将知识发展成技能、技巧。现实生活中,孩子对于很多事物都是陌生的,因此,父母应该经常和孩子参与一些社会实践活动。孩子处在对事物好奇的时期,自然会对陌生事物提出诸多问题,父母要积极且巧妙地回答孩子的问题,从而促进孩子的智力发展。

2. 开发孩子的智力

日常生活中,父母要注重开发孩子的智力,培养孩子的观察力、注意力、思维力和想象力,这些将会对孩子今后的学习生活有极大的帮助。

3. 培养孩子的动手能力

培养孩子的动手能力,其实质也是促进孩子的智力发展。因为动手前首先要用大脑思考,然后用大脑控制双手。日常生活中,父母可以和孩子在家中做一些小游戏以及通过做家务等形式来帮助孩子锻炼动手能力。

4. 培养孩子的非智力因素

非智力因素包括需要、动机、兴趣、情感、意志等个性心理品质。在分析很多人的成功原因时我们发现,他们的智力水平也很普通,他们的成功靠的是非智力因素,例如,有强大的兴趣和较强的意志力。父母并不能预测孩子将来会从事什么职业,所以在孩子小的时候培养一些非智力因素很重要。

5. 培养孩子敢于思考的精神

思考是一个人成功的关键一步,牛顿坐在苹果树下被一个苹果砸到头部,如果他不去思考,怎么会产生万有引力定律。诚然孩子在年龄尚幼时,父母不可能陪同孩子思考那些高深莫测的问题,但可以从生活中的一些小细节去引导他思考,从而培养孩子养成动脑的好习惯。

四、家庭体育

(一)家庭体育的含义

体育是在人类发展过程中逐步开展起来的,是一种有意识地培养身体素质的活动。采

取走、跑、跳、投以及舞蹈等多种形式的身体活动,这些活动就是人们通常所说的身体练习过程。

家庭体育是指由家庭成员参与的,场地、形式、活动项目灵活多样,以通过体育锻炼活动满足兴趣爱好、丰富家庭生活和促进家庭成员身体锻炼为主要目的的体育活动。

(二)家庭体育的主要任务

(1)保证孩子身体的正常发育。

(2)培养孩子科学的体育锻炼方法。

(3)培养孩子自觉锻炼身体的习惯。

(4)培养孩子体育锻炼的意识。

(5)促进孩子人格发展。

总之,在家庭教育中,家长不能只关注孩子的物质营养,还要注重孩子良好生活习惯的培养和合理的体育锻炼,这样孩子才能均衡发展。

五、家庭美育

(一)家庭美育的含义

美育是指围绕自然美、社会美、艺术美开展的一种教育活动,是培养孩子发现美、欣赏美和创造美的能力的教育,也称美感教育和审美教育。它是全面发展教育中不可或缺的部分。

家庭美育是父母以家庭中的日常行为和环境为中介,以家庭中的情感因素为媒介,培养和提高家庭成员具有发现美、欣赏美和创造美的能力。

(二)家庭美育的主要任务

1. 培养孩子的审美感受能力

审美感受能力是孩子进行审美活动的出发点,因此父母要从小培养孩子对于美的感受能力。首先,要培养孩子对审美对象外在的感知能力,比如,感受美丽的山水、广阔的海洋;其次,在感受外在美的基础上,引导孩子领悟内在的情感表现和象征意义。比如,生活中那些助人为乐的人们,父母可以和孩子一起来寻找他们身上特殊的美。

2. 培养孩子鉴赏美的能力

在家庭美育中,可利用欣赏文学名著、影视剧、诗歌、舞蹈、绘画等作品来培养孩子的审美观点和审美标准,培养和提高孩子鉴赏美的能力。

3. 培养孩子表达美、创造美的能力

表达美的能力包括仪表美、语言美、行为美等。创造美的能力是指在感受美的基础上,

按照美的标准，以及自己的审美观点，通过自己的实践活动，创造出美好事物的能力。

（三）家庭美育的方法

1. 创造宜居的生活环境

家庭中要创造出宜居的生活环境，桌椅、电视、计算机、书柜、以及生活物品的摆设要富有美感。

2. 让孩子感受外界环境

父母在日常生活中经常带着孩子去接触大自然、发现大自然、欣赏大自然的美。

3. 让孩子接触文学创作

要经常和孩子共同阅读图书，发现图书中的文学美，与孩子共同参与文学创作。

4. 让孩子接受艺术熏陶

周末时可以带着孩子亲临现场，去看一场音乐剧，和孩子一起身临其境地感受音乐之美。

也可以带孩子去看看画展，让孩子欣赏绘画之美。还可以带着孩子去参与音乐、绘画、舞蹈等实践活动。

思 考 题

1. 联系实际，说明家庭教育目的的意义。
2. 制定家庭教育目的的依据是什么？
3. 完成家庭教育任务的前提是什么？
4. 促进家庭成员心理健康的方法有哪些？
5. 结合实际，谈谈对家庭德育的理解。
6. 家庭智育的主要任务是什么？

案 例 分 析

曾 子 杀 猪

一天，曾子的妻子去集市买东西，她出了家门没走多远，儿子就哭喊着从身后追了上来，吵着闹着要跟着去。曾子的妻子就对儿子说："你回去在家等着，我买了东西一会儿就回来。我回来之后杀猪给你做好吃的。"儿子一听，立即安静下来，乖乖地望着妈妈一个人远去。

曾子的妻子从集市回来，还没跨进家门就听见院子里捉猪的声音。进门一看，原来是曾子正准备杀猪。她急忙上前拦住丈夫，说道："家里只养了这几头猪，都是逢年过节才杀的。你怎么拿我哄孩子的话当真呢?"曾子说："在小孩面前是不能撒谎的。他们年幼无知，从父母那里学习知识，听取教诲。如果我们现在说一些欺骗他的话，等于在教他今后去欺骗别人。虽然你一时能哄过孩子，但是过后他知道受了骗，就不会再相信你的话。你就很难再教育好自己的孩子了。"曾子的妻子觉得丈夫的话很有道理，于是心悦诚服地帮助曾子杀猪去毛、剔骨切肉。

根据案例，结合你学过的家庭教育相关知识分析，曾子的做法培养了孩子哪方面的品质。

第四章 家庭教育的基本原则

家庭教育尽管不如学校教育那样正规,但同样应遵循一定的原则。在学校教育中,施教者是各科教师和班主任。而在家庭教育中,施教者是父母,父母只有掌握一定的教育原则,才能达到家庭成员共同提高、孩子身心和谐发展的目的。

家庭教育原则指导着家庭教育过程中的各个方面,贯穿家庭教育的全过程,对孩子的成长规划、成长方式具有指导作用,同时还将影响亲子关系、家庭关系的发展。

第一节 言传身教原则

在家庭生活中,每个父母无论是自觉还是不自觉说出的每一句话,做的每一个动作,都潜移默化地影响着孩子的健康成长。

一、言传身教原则的含义

言传身教原则是指在家庭教育中,父母作为施教者在教育孩子的过程中,不仅要注重言语表达的基本道理,更为重要的是要用自己的行动给孩子做出表率,从而正面影响成长中的孩子。

孩子的成长过程中,成年人的一言一行都会成为孩子模仿的对象。要想更好地教育孩子,首先要给孩子提供一个良好的成长环境,所谓"近朱者赤,近墨者黑"说的就是这个道理。父母不经意的一句话,一件看似不值一提的小事,或许会影响孩子的一生。生活中,父母答应孩子的事情,就要遵守诺言,这不仅维护了父母的良好形象,还让孩子以后也会有一颗诚实守信的心。

二、言传身教原则的意义

言传身教在于用自己的一切语言和行动去影响他人,从而起到教育的作用。在儿童的成长过程中最初以模仿父母的言行为主,因此,父母更应该是言传身教的榜样,将自己积极的一面展现在孩子面前,让孩子通过模仿学习到更多有益的知识。

言传身教原则的具体意义有以下几方面。

（一）影响孩子的感知能力

父母是孩子的第一任教师，是孩子最先接触、模仿的对象，家庭教育直接影响着儿童最初的感知能力。由此可见，父母的言传身教对孩子成长过程的影响具有非常重要的意义。

（二）有利于知识培养和良好习惯的养成

在家庭教育中，父母应该对孩子教之、养之，并努力提升自己，使自己成为一名合格的家长。要用自己的心去灌溉孩子的心灵，用自己良好的言行去感化孩子，让孩子能够从父母的言传身教下学到良好的知识，而不是将自己的恶习展现在孩子面前，让他们感染恶习，养成不好的习惯。特别要注意孩子在童年时期模仿能力很强，他们会模仿成年人的行为，去做他们眼睛看到的事情。

（三）为孩子今后的教育打下良好的基础

孩子一旦在父母的言传身教下养成良好的行为习惯，将会为今后的学校教育、社会教育打下良好的基础。众所周知，家庭教育是教育系统中最基础的教育形式，虽然没有统一的教学大纲，但其重要性不言而喻。孩子的良好言行习惯一旦养成，今后的发展一定会更加顺利。

三、言传身教原则的基本要求

（一）讲道理

孩子在日常生活中常常会犯一些小错误，部分家长看到孩子犯错误时，不问缘由，直接打骂，这样的行为是不理智的。在这里，父母首先要放下家长的姿态，和孩子一起分析出现错误的原因，再利用讲道理的方式帮助孩子成长，孩子在这种轻松愉快的环境中，自然能接受父母所讲的道理。

语言教育体现在日常生活中的方方面面，生活中的素材很多，家长可以在玩耍中和孩子分享一些简单的道理，引导孩子思考，量变引起质变，最终这些道理会根植于孩子的内心。

（二）以身作则

孔子曾说过："其身正，不令而行；其身不正，虽令不从。"意思是当教育者自身端正，以示表率，不用下达命令，被教育的人就会自觉跟随着行动起来；相反，如果教育者自己都做不到自己所提出的要求，却要求被教育的人做到，就算他三令五申，也没有人会信服与跟从他。因此，父母在家庭中要时刻以教育者、被模仿者的身份自省，教育孩子不能因为事小就随意忽悠,对孩子的提问敷衍塞责。[①] 更要注重以身作则,用具体行动来赢得孩子的尊重。

(三)身教和言教相结合

在家庭教育中,父母对孩子的教育要根据孩子的年龄特点和领悟程度,采取身教和言教相结合的教育方法。切记不管采取哪一种教育方法,都不可刻意为之,否则长期下去只会令孩子产生厌恶心理。

生活中只采取言教是无效的,父母讲的道理,孩子也许很容易理解,但做起来通常很难,这是因为孩子还处在成长阶段,不可能在极短的时间内就做好一些事情。那么怎样才能让孩子理解这些道理呢?这里就需要家长采取身教的方法。但只采取身教方法也是欠妥的,孩子总是看到父母在做一些事情,而父母只顾着自己做,却不去引导孩子思考,时间长了,孩子就会认为父母做的事和自己无关。孩子处在成长期,父母的一言一行都对孩子有着极大的影响,父母作为孩子的第一任教师,孩子的许多习惯和一些简单知识都是从父母那里学来的。所以说,父母在家庭教育中要采取身教和言教相结合的方法。

第二节　理性施爱原则

在家庭教育中,父母给予孩子的爱应该是理性的。而不考虑客观条件,以自己的主观意识给予孩子的爱,这种爱是感性的爱,是一种盲目的爱,这种爱绝不利于孩子健康地发展。

一、理性施爱原则的含义

理性施爱原则是指在家庭教育中,家庭成员特别是父母,在充满爱的浓浓亲情中,不但要以无私的亲人关系热爱孩子,更需要情感与理智相结合,坚持教学育人,使孩子的身心得到发展。[②]

二、理性施爱原则的意义

理性施爱原则在家庭教育原则中很容易被忽视,特别是妈妈自认为对孩子的爱是恰当的,但经过仔细分析却并非如此。有这样一个场景,相信大多数的家庭都经历过。三四岁的孩子在公园玩耍的时候,不小心跌倒了,妈妈在第一时间把孩子扶起来,并帮助孩子拍干净身上的泥土。这种事情观其表面,妈妈无可厚非,但仔细分析会发现,三四岁的孩子跌倒是一件非常正常的事情,妈妈可以鼓励孩子自己爬起来,这样是不是会产生更好的教育效果呢?

---

① 李本友,罗生全.家庭教育学——幼儿家长篇[M].北京:中国轻工业出版社,2015.
② 李天燕.家庭教育学[M].上海:复旦大学出版社,2007.

（一）帮助孩子更好地成长

家庭教育中，孩子还在成长期，很多事情都做得不尽如人意，这是正常现象，作为父母不能为了自己省事，直接代替孩子做。表面上看，父母是疼爱孩子，实际上是在害孩子。对孩子过度的呵护，只会产生溺爱。当孩子在一个溺爱的环境中成长，长大后步入社会，就会拥有自私的心理，在工作中则会直接表现为自私、合作困难、唯我独尊、心理承受能力差等特质。

因此，父母在家庭教育中，不可过度地呵护孩子，要给予孩子理性的爱。

（二）促使家庭成员共同进步

父母教育孩子时要给予理性的爱，这样的教育原则也将反作用于父母。父母在给予孩子理性施爱的同时，也是一种良好的自我教育，促使其在家庭中更好地与其他家庭成员融洽相处，工作中能更好地与同事友好合作、友善共事。

三、理性施爱原则的基本要求

（一）给予孩子适度的爱

孩子在家庭中接受家庭教育，到学校里接受学校教育，将来进入社会还要接受社会教育。家庭教育是教育系统的基础，至关重要，且不能被替代。家庭教育中父母给予孩子的爱是无私的，这种因血缘关系而产生的教育是世界上最伟大的爱，其他人不可替代。但是，父母不能因为孩子年龄小代替孩子做一切事情，这种爱是溺爱。溺爱不会对孩子成长有任何帮助，只会给孩子带来成长方面的灾难。

（二）严格管教要适度

有的父母这样认为，家庭教育中对孩子溺爱，将会使其在今后走上社会后失去生存能力，只有严加管教，孩子今后才能有出息。持有这样观点的父母不在少数。中国人的传统教育观点是，"棍棒底下出孝子""不打不成才"，紧接着社会上频繁出现"虎妈""狼爸"。殊不知，过度严格的管教，并不一定会出现美好的教育成果，还极有可能出现相反或者更加恶劣的结果。

最近电视、报刊多有报道，因为父母管教过严，出现孩子自杀、离家出走的现象，更为严重的是有的孩子用刀子威胁父母，类似的报道不胜枚举。分析类似案例，基本上可以归结为父母的管教方式出了问题。

那么怎样做才算管教适度呢？首先要了解孩子各个年龄段的接受能力，不能将不符合相应年龄段的知识强硬地塞给孩子，即使孩子死记硬背记住了，但学习的这段时间是痛苦的，将来孩子极有可能产生厌学心理。其次要尊重孩子的意愿，孩子受到先天因素和后天因素的影响,都会有自己的爱好。一个爱好踢足球的孩子,强迫他去学奥数,可以想象,这样的画面是否和谐呢?

第三节 因材施教原则

学校长跑队缺少运动员不能到舞蹈队里挑,举重队缺少运动员不能到体操队里挑。这体现了每个人的能力是不一样的,只有善于发现孩子的特长,鼓励孩子在特长的道路上拼搏努力,他们的人生才能得到快速发展,这就是因材施教方略。

一、因材施教原则的含义

因材施教是指在家庭教育中,父母要善于发现孩子的兴趣爱好,在全面素质教育的前提下,根据年龄阶段的成长规律,让孩子的兴趣爱好得以持续发展。

社会上随机抽取两个孩子,也许具有同样的性格特点,也许头脑同样聪明,但一定会有不同的地方,即使双胞胎也是如此,这就如同世界上没有两片一模一样的树叶一样,世界上也没有两个完全相同的人。由于先天的遗传因素、后天的生活环境和教育环境不同,孩子在生理和心理上都具有不同的特征。家庭教育要取得好的教育成果,就必须有针对性地对孩子进行因材施教。[①]

二、因材施教原则的意义

因材施教是指对不同家庭、不同性格特点的孩子实施有差别化的家庭教育方略,具有非常特殊的意义。

(一)有助于孩子快乐成长

作为父母要善于发现孩子的优点和长处,并且鼓励孩子发展自己的长处。即使将来这些长处不能为己谋生,也可以为生活增添闲暇乐趣。

日常生活中,成年人在茶余饭后喜欢做自己想做的事情,成年人既是如此,更何况孩子呢?当孩子对某件事情产生兴趣时,父母应该支持孩子的爱好,这样不仅能发展孩子的兴趣,还能促进亲子关系的良性发展。而现实中有一些家长,当看到孩子拿起篮球跑向球场时,会随口而出"就知道打篮球,也不知道去学习"。实际上家长随意说的这句话并没有实质效果,孩子不会因为父母这样说,就立刻放下篮球,拿起英语课本。如果家长不改掉这样的毛病,会引起孩子的极度反感,久而久之还会影响亲子关系的良性发展。

---

① 何俊华,马东平.家庭教育学[M].北京:清华大学出版社,2017.

（二）增加孩子自信心

每个孩子都与众不同,英语单词背得好的孩子不一定象棋下得好,长跑成绩优秀的孩子不一定数学学得好。有些孩子在班级中英语成绩不好,总是很自卑,那么作为家长,得知实情后,不能盲目地指责孩子,"怎么这么笨,这次考试怎么才考这个分数"! 这样只会打击孩子的自信心,是家庭教育中的大忌。睿智的家长首先会和孩子分析这次考试没有考得高分的原因,然后鼓励孩子接下来继续努力。然而孩子的成绩提高不是一朝一夕的事情,即使三五日能得以提高,学校也未必会隔三岔五地考试。更加睿智的家长会这样想:孩子的成绩不理想,自然会影响到孩子的自信心发展。那么怎样建立孩子的自信心,便成了首要任务。家长首先应发现孩子的长处,比如孩子羽毛球打得好,那就在一个风和日丽的周末,带着孩子拿着羽毛球拍来到球场上寻找球友吧! 孩子有着优异的羽毛球技术,自然在球场上大汗淋漓,父母在这个时候再加以言语鼓励:"孩子,你真棒,你看这个球场上没有一个人能和你抗衡……"孩子自然会信心大增,会让孩子在今后不管是学习还是生活中都信心满满,进而促进其身心健康发展。

（三）有助于父母和孩子共同成长

父母发现孩子的特殊才能后,自然会想方设法地让孩子去努力,使其进步。在这个过程中,父母也获得了一定的知识。如果父母也很喜欢孩子的这个才能的话,最好是和孩子一起努力,这样不仅能以陪伴者角色和孩子一起成长,还能增进自己的才能。

三、因材施教原则的基本要求

在家庭教育中,父母采取因材施教原则不仅能对孩子的未来发展提供帮助,还能为社会建设输入新鲜血液。

因材施教原则有以下几点要求。

（一）要了解孩子

在家庭教育中,很多父母存在盲目性。例如,见邻居家的孩子报名学习绘画,于是就把自己的孩子硬拉去上绘画班,还找出一个很好的理由:不能让孩子输在起跑线上。邻居家的孩子越学越有兴趣,而自己的孩子却在上课时三心二意。相信类似的情况在现实生活中比比皆是,家长想让孩子多学习知识固然是好事,但是这样的好事最容易办成坏事,原因就是没有充分了解孩子、尊重孩子。

另外,每个孩子的兴趣爱好都有差异,作为父母不能看别人家的孩子拥有什么特殊技能,就要求自己孩子也不能落后。这样盲目跟风,久而久之只会对孩子造成伤害,明明自己不想做的事情,父母非要逼着自己去完成,也许孩子在小的时候碍于父母的威严不敢违抗,但随着年龄的增长,逆反心理会在若干年后的某一刻突然爆发。

（二）重视孩子的特殊能力

在家庭教育中,父母对孩子的教育要全面,但是孩子若想在今后拥有多方面的技能,并不现实。孩子未来要想获得成功,最重要的一点就是拥有一个特殊的才能,并且在这个方向上持续不断地努力,使自己变得更加卓越。

孩子还处在成长期,要进行德、智、体、美、劳全面发展,但这并不会和今后事业的专一性产生矛盾,德、智、体、美、劳只是教育的根基,是从事一切工作最基本的力量,它将促进个人事业的高效发展。

第四节　主体性原则

现实生活中,常会有这样的场景:妈妈带着孩子在客厅里快乐地玩耍,突然家中来了朋友,于是,妈妈就忙着招呼朋友,把孩子冷落在一边。很快孩子就开始哭闹,这时妈妈感到很奇怪,不知孩子到底是为什么哭闹。实际上,是妈妈没有重视孩子的主体性,因为家中来了客人就忽视了孩子。很少有妈妈采用这样的方法:让朋友先在客厅坐一会儿,因为自己正在和孩子玩耍,或者让朋友参与进来一起玩耍。

一、主体性原则的含义

主体性原则是指父母在教育孩子的过程中,首先要认同孩子是一个单独的个体,尊重孩子的主体地位,和孩子平等地相处,相信孩子的潜能会得到有效发挥。

二、主体性原则的意义

主体性原则在家庭教育中与因材施教、言传身教、理性施爱等原则同等重要。主体性原则和其他原则一起,共同促进家庭教育的高效完成,同时又和其他教育原则有着不同的意义。

（一）促进孩子家庭地位的提升

孩子在家庭生活中是未成年人,相当多的父母认为孩子年龄小,不懂事,算不上一个完整意义的人。我国部分地区有把孩子叫作"半个人"的说法,其实质上没有把孩子当作一个完整意义上的人。类似的思想有着明显的错误。孩子不但是一个独立的人,而且还具有独立的人格。在家庭教育中,父母必须对此全面认同,这才是家庭良好教育的基础。

（二）有利于孩子个性的良好发展

孩子在家庭教育中不仅要保持良好的身体发育，更重要的是还要拥有良好的个性发展环境，而提供这种良好的个性发展环境的前提是要有民主的家庭，父母要认同孩子的主体人格性。

孩子的思想、情绪、价值观、气质、信念、感知、态度等都可以理解为个性的一部分，这些因素的发展会受到家庭环境的制约。

三、主体性原则的基本要求

（一）父母应成为孩子的良师益友

当孩子在思想上、学习上、生活上遇到困难时，首先想到的是得到父母的帮助，而父母也能在这时给予正确的指导，帮助他们有效地解决问题。父母应根据孩子的个性特点对孩子进行教育，不把自己的想法强加给孩子，要求孩子做的事，事前会与孩子商量，获得孩子的赞同。对于孩子的不理解要做说服工作，得到孩子的认同，不能要求孩子绝对服从，同时尽力满足孩子的合理要求，鼓励他们的信心。父母有错，要允许孩子批评，勇于在孩子面前承认错误，并且还要采取措施及时加以改正，为孩子树立知错就改的榜样；当孩子出现错误时，父母要在尊重其人格的前提下，帮助他们认识到错误，找到产生错误的原因，并且督促他们及时改正。[①]

（二）父母必须尊重孩子的人格

在家庭中，孩子是一个独立的个体，既然是独立的个体，其人格也应该是独立的。父母在实施家庭教育时，不能因为孩子年龄尚幼而不平等地对待孩子，认为孩子什么都不懂，日常生活中对孩子指手画脚。当孩子不听话时，便一顿痛打，把"棍棒底下出孝子"的理念发挥得淋漓尽致。这样做将不利于孩子的自尊心和独立人格的培养。

父母应该充分认识到孩子在家庭中的主体地位，并且调动其积极性，尊重孩子的人格与尊严，这样才能对孩子实施更为恰当的教育。

第五节　启发性原则

孩子在家长的教诲下学习知识，但由于个体差异，家长教的所有内容，孩子不可能迅速且高效地掌握，这时，家长运用启发性教学会有更好的效果。

---

① 李天燕.家庭教育学［M］.上海：复旦大学出版社，2007.

一、启发性原则的含义

启发性原则是指在家庭教育中父母要激发孩子学习的主动性,引导孩子对生活中的方方面面进行积极思考,学会生活中的一些常识,从而达到启发孩子掌握知识的效果。

二、启发性原则的意义

家庭教育中,孩子是教育的主体,父母可以采取言传、身教的方法,也可以采取启发教育的方法。总之,选择什么样的方法要根据孩子的基本情况和当时所处的环境而定。启发教育的方法尤其适合在亲子互动的环境中应用,这样才能有更好的意义。

启发性原则的具体意义有以下两点。

(一)帮助孩子提高思考积极性

启发性原则的有效应用必然是父母和孩子在互动的过程中,提出问题,从而引起孩子思考。通常情况下,父母所提出的问题不能过难,也不能过于简单,所要掌握的度需要有一定的技术,最好是让孩子思考一段时间能得出答案的问题。在采取启发教育时,最好是较难的问题、简单的问题和适中的问题相互交叉,孩子才能有更好的参与感。只有这样才不会打击孩子的积极性,也不会让孩子感觉这些问题都是"小儿科"。

(二)让孩子拥有成就感

当孩子经过思考得出一个很完美的答案时,父母在这个时候不要吝啬你的赞美,当孩子听到父母的赞美时,极易在内心产生自信。这样的自信将会对其今后的人生发展有极大的帮助。

而事实上,很多的家庭教育原则和教育方法都是相互作用的。例如,启发性教育方法配合因材施教、主体性原则来实施教育时,可以产生很好的效果,在特殊情况下也要几种方法同时或交替进行。

三、启发性原则的基本要求

(一)调动孩子思考的主动性

日常生活中,有些父母一心想让孩子学习知识,这个出发点并无错误,但是做法有待商榷。孩子处在心智尚未健全的时期,不可能事事都能如父母所愿,所以,父母要想让孩子多学习知识,绝不可采取持续灌输的方式,否则只会适得其反。父母可以采取启发性的方法调动孩子的大脑,从而引起思考。

假设妈妈想教孩子学习英文字母,如果只是不停地在小黑板上写写画画,孩子必然会产生枯燥乏味的感觉。是不是可以借鉴生活中的一些物品来帮助完成呢?当妈妈看见一个鸡蛋,可以提问孩子,这个鸡蛋和哪一个英文字母比较像呢?采取这样的做法需要有一个重要前提,妈妈和孩子必须处在一个轻松、愉快的环境中,只有这样孩子才能愿意思考妈妈提出的问题。

(二)注重在生活中启发孩子获取知识

由于孩子年龄尚幼,对很多问题一知半解,即使父母讲解多遍,孩子的理解仍然模棱两可。在这种情境下,有时父母采取强行灌输方法时,效果甚微。比如,父亲给孩子讲解雷和电的知识时,由于身边没有雷电现象,孩子也想象不出什么是雷,什么是电,当父亲讲得滔滔不绝时,也许孩子还在思考雷和电是什么样子。最好的方法是当天空乌云密布、雷电交加时,父亲带着孩子来到窗前,观察天空雷电现象,这时讲解将会起到事半功倍的效果。

第六节　循序渐进原则

循序渐进原则旨在指导父母对孩子实施教育时,切不可"拔苗助长"。"拔苗助长"的做法是不遵守孩子成长规律的教育,不仅不会给孩子带来帮助,反而会有损孩子的健康成长。

一、循序渐进原则的含义

循序渐进原则是指在家庭教育中,父母应该按照孩子的年龄、成长规律以及先后顺序、步骤,逐渐对孩子进行个性、品质、人格等全方位教育。

二、循序渐进原则的意义

循序渐进原则在孩子的成长过程中非常重要。现实生活中,我们经常会发现一些违背循序渐进原则而酿成不良后果的案例。有这样一个很好的比喻:孩子如同一棵小树苗,天旱的时候需要雨水的滋润,如果过度浇水,小树苗的处境会是怎样呢?

(一)指导父母对孩子不要超前教育

有些父母不顾孩子身心发展的规律,总是把孩子送往各种早教班、培训班,父母忙得不亦乐乎,钱花了不少,而实质上却做着违背孩子成长规律的事情。

(二)指导父母教孩子知识要循序渐进

不管哪方面的知识,都有其内在的逻辑关系和学习规律,学习者无论是什么阶段的人才,都要从头学起。当父母想教会孩子某方面知识时,切不可站在自己的立场上,凭着自我感觉讲授,这样的讲授孩子听不懂。父母只有用最简单的知识作为开场白,才能得到更好的效果。在家庭教育中,如果把循序渐进原则同启发性原则、因材施教原则加以配合,会有更好的效果。

三、循序渐进原则的基本要求

父母要想在家庭教育中坚持循序渐进原则,需要了解以下两点。

(一)由易到难

在家庭教育中,父母对子女的教育不能操之过急。当孩子不能服从父母的意愿时,切不可过于焦虑。实际上,这时父母完全可以缓一缓,待下次有机会再进行讲解。在解答一些孩子较难理解的问题时,父母自认为讲得很好,殊不知,父母用大学教授的思路教授一个心智仍处在发育期的孩子时,孩子只当在听天书。有时父母也在寻找一些简单且让孩子能听得懂的语言,但有些问题实在很为难父母,这个时候不妨放一放,随着年龄的增长,知识的增多,总会有解决问题的那一天。

(二)量力而行

孩子在成长期,会有各个年龄阶段独特的特点。在家庭教育中,父母不能为了不让孩子输在起跑线上,三岁学古诗、四岁学弹琴、五岁学下棋,像这样的例子不胜枚举。孩子在三四岁时本该是一个愉快玩耍的阶段,却在跟着妈妈一遍一遍地背诵着枯燥的古诗词。也许在妈妈的谆谆教导下,三四岁的孩子能背上几首古诗词,今后孩子可以在亲朋好友面前给妈妈挣得不少脸面,但这样的背诵只是表面上记住了几首古诗词,实际上却不能领会古诗词中的意境。像这样以不要让孩子输在起跑线上为目的的教育,还是少些为好。

作为父母应该懂得让孩子在适当的年龄做适当的事。例如,孩子三四岁时,家长可以带着孩子出去接触一下大自然,多呼吸一些新鲜空气,多给孩子讲解一些简单的小故事,引发孩子的思考兴趣。这样的教育就是结合孩子成长规律进行的,从某种意义上讲,这样的教育也是量力而行的教育。

另外,不管孩子多大,都不能给予他们太大的压力。也许有人会说,"压力大了,动力也就大了"。有压力是好事,它也是促使个体成功的良性因素,但是压力过大,将会像一个充满气的气球,里面的气并不是越多越好。比如,有的家长会跟正在准备参加高考的孩子说:"必须考取北大、清华,只有考进名校人生才有出路。"首先,家长的这种价值观是极其扭曲的,考进名校才有出路,从任何角度来讲,都毫无道理;其次,孩子正处在备战高考的重要时期,父母不应该规定孩子一定要考取什么学校,这样只会让孩子产生巨大的心理压力,应该是站在孩子身后,默默地支持孩子。

思 考 题

1. 结合实际生活,谈谈言传身教的益处。
2. 理性施爱原则的基本要求是什么?
3. 因材施教原则的含义是什么?
4. 谈谈主体性原则的基本要求。
5. 启发性原则的基本要求是什么?
6. 在家庭教育中,谈谈循序渐进的内涵。

案 例 分 析

钢琴调律师陈燕[①]

34 岁的陈燕是北京人,因患先天性白内障,左眼视力为 0.02,有光感,微弱色感,右眼完全失明。从小陈燕便随着姥姥一起生活。姥姥知道陈燕的眼睛不好,便想方设法开发她的听觉和触觉。在陈燕刚会走路的时候,姥姥就教她靠听觉走路。姥姥告诉陈燕前面有障碍物时就会有声音反射过来,让她仔细听声音的变化。刚开始,陈燕一点儿也听不懂。但随着一次一次地撞到墙上、树上、门上、桌子上,摔得鼻青脸肿,伴随着疼痛的记忆,她慢慢地听懂了各种物体反射的声音,且根据不同的反射音,能准确判定出不同物体。姥姥经常把一分、两分、五分的硬币扔在地上,让她辨认币值、确定硬币的位置。为了培养触觉,她还练习穿针引线。左手捏着针眼,右手捏着线头一次次不停地往针眼里穿。起初半个小时穿一根,熟练之后两秒钟就可以穿一根了。

1990 年,陈燕成为北京市盲人学校开设的第一期钢琴调律班学员。陈燕回忆,当时学调律还必须学会修琴,要将一架钢琴中的 8000 多个零件熟记于心,能及时发现影响音准的零件,并调出正确的音律。陈燕说,因为要用手拿锤子钉钉子、刨子刨木头,盲人会有很多不便,因此经常受伤。"我学习调律那段时间,手上就没有一块好肉。"经过四年的苦学,陈燕最终掌握了当时最为先进的钢琴调律技术。

此后,她成为中国第一位盲人钢琴调律师,如今已是国家一级钢琴调律师,中国音乐家协会钢琴调律学会注册会员,还是北京陈燕新乐钢琴调律有限责任公司的总经理。经过 10 多年的努力,陈燕凭借高超的调琴技术终于获得了广泛认可,特别是中国著名钢琴家鲍慧荞以及数千铁杆用户还专门指定她负责调琴。

联系实际分析,上述案例运用了哪些家庭教育原则,并且谈谈你对这些原则的理解。

---

① 张杰.高级心理学教程新编[M].合肥:合肥工业大学出版社,2008.

第五章　家庭教育的方法

在家庭教育中,父母对孩子实施的教育是一套系统工程。首先,每个家长有不同的文化程度,对事物的认知也不同;其次,各个家庭中孩子的情况也存在差异,因此,家长不能千篇一律地使用相同的方法教育孩子。作为父母要拥有睿智的头脑,为孩子今后的成长打造一套合适的家庭教育方案,这是一件复杂且烦琐的事情。

家庭教育的方法很多,在不同时期、不同环境,面临不同问题所采取的方法是不同的。家长只要能全面了解并掌握家庭教育的方法和基本要求,在今后的家庭教育工作中,才会做得更好。

第一节　榜样示范法

在家庭教育体系中,榜样示范法类似于身教,是一种不同于言传的家教方法。在孩子童年时期,榜样示范法是最佳的教育方法之一。

一、榜样示范法的含义

榜样示范法是指通过他人高尚思想、模范行为以及卓越的成就等来影响和教育孩子的一种方法。由于未成年人可塑性很强,而且善于模仿,因此,树立良好的榜样能给孩子指引正确的方向,指导他们积极向上。[①]

二、榜样示范法的实施

孔子曰:"其身正,不令而行;其身不正,虽令不从。"父母的言行举止时刻影响着孩子成长,因此,父母必须严格要求自己的言行举止,从而起到榜样示范的作用。

在日常生活中,孩子和父母朝夕相处,父母的一言一行很容易被孩子所模仿,父母实施榜样示范法将对孩子的成长具有深远的意义。榜样示范法的运用具体体现在以下几个

---

① 黄河清.家庭教育学[M].上海:华东师范大学出版社,2014.

方面。

（一）父母以身作则、树立榜样

人格塑造的核心是家长躬行身教、榜样示范，父母以自身的人格魅力影响孩子，从而达到教育的目的。父母自身的示范教育，不但可以增强说理的可信性和感染性，而且能像春雨润物那样细而无声，对孩子起到耳濡目染、潜移默化的作用。这种以自身良好的道德行为，为孩子品德修养做出示范的方法，具有极强的吸引力和有效性，是一种生动、有效、良好的教育方法。

儿童处在善于模仿的年龄阶段，这个阶段模仿父母的频率最高。孩子一切良好习惯的养成，全靠父母榜样的力量。父母的任何言行都会对孩子产生影响，在家庭中事无巨细，任何事情只要被赋予教育意义，都不再是小事。因此，父母要时刻、处处以身作则，牢记榜样的教育作用，自觉检点自己的言行，凡是要求孩子做到的，父母应率先垂范，首先自己要做到，为孩子树立最具说服力的榜样。当父母言行有误时，不必回避，只要立即纠正，诚恳说明情况，就不会给孩子留下消极的影响，反而会受到孩子的尊重，这样不但丝毫不影响父母在孩子心目中的威信，还给孩子树立勇于承认错误和改正错误的榜样。[①]

榜样的力量是巨大的，它涉及生活的方方面面，孩子在这个善于模仿的年龄阶段，在父母榜样示范的作用下，正在缓慢地朝着良好行为的方向迈进。孩子的成长需要一缕阳光，良好的榜样示范教育方法正是这一缕阳光。

（二）引导孩子向榜样学习

中国是一个拥有五千年文化历史的文明古国，灿烂的中华文化给我们留下了巨大的精神财富。在家庭教育中，父母经常会在茶余饭后给孩子讲些小故事，这些小故事不乏历史经典。经典的故事对于孩子来说具有天生的吸引力。在实际操作中，父母可以刻意选择一些具有代表性的历史经典故事。由于孩子被故事所吸引，故事的主人公往往成为孩子崇拜的对象，这样就达到了榜样学习的目的。

（三）引导孩子向同伴学习

父母不仅可以给孩子讲一些历史经典故事，还可以把发生在身边的好人好事讲述给孩子听，主人公可以是自己的朋友、亲戚，甚至是孩子的同伴。如果总是讲一些历史故事，时间久了，孩子会有枯燥乏味之感，毕竟历史人物不曾发生在孩子身边，只能靠想象来了解，而身边的好人好事，却能引起孩子的共鸣。

这些方法都能正确地引导孩子向榜样学习，从而达到榜样示范的目的。

---

① 李天燕.家庭教育学[M].上海：复旦大学出版社，2007.

第二节 环境熏陶法

孩子自出生的那一刻起,父母创设的家庭环境就一直影响着孩子的成长。家庭是孩子一生发展过程中最为重要的场所。良好、温馨的家庭环境将会影响孩子各方面的发展,孩子长大后表现的种种特质都与早期家庭环境有着千丝万缕的因果关系。

一、环境熏陶法的含义

环境熏陶法是指在家庭教育过程中,父母有意识地创设一个和谐、温馨的家庭环境,让孩子在一个良好的环境中受到潜移默化的影响,以此培养孩子优秀的道德品质和良好的行为习惯。

二、环境熏陶法的实施

家庭生活的内容十分丰富,但归纳起来,也不外乎物质生活和精神生活两个方面。物质生活是指家庭的物质生活条件、物质生活的安排,诸如家庭经济收入的安排和使用,家庭陈设的布置,家庭环境的美化等。家庭的精神生活主要是指家庭成员的思想品德、行为规范,家庭成员之间的关系,家庭成员的兴趣、爱好和追求等。运用家庭生活环境教育和影响孩子,家长必须从两个方面努力,即创造良好的物质生活环境和精神生活环境。

有效实施环境熏陶法,应先做到以下几点。

(一)家长安排好家庭经济生活

不同家庭的经济收入各有差异,经济基础也有所不同,因此家庭生活水平也有高低之分。家庭生活水平会给孩子带来一定的影响,至于是积极的还是消极的,我们再做进一步分析。

在家庭环境中,如果家长能科学地安排经济收入,孩子在愉快、和谐的环境中生活,自然幸福无比,对孩子的身心发展各方面都能起到有益作用。如果经济收入支配不科学,支出大于或等于收入,将会使家庭生活陷于困境,也将会给孩子的身心发展带来消极的影响。

(二)家长要根据自身条件,美化家庭生活环境

家庭是全家人生活起居的重要场所,家具的选购、摆放,房间的布置,反映这个家庭的审美情趣。家长每天把家庭环境整理得干净卫生、井井有条,房间的布置风格优雅、色调和谐、美观大方、舒适宜人,这样不仅有利于陶冶孩子的情操,还能促使孩子养成良好的生活习惯。房间的布置规划最好也能让孩子的意见参与进来,让孩子动脑动手,这不仅让孩子有参与

感,还能使孩子的人格得到发展。

（三）全家人都要严格要求自己

每个家庭成员都要自尊、自爱、自重、互敬、互爱、严格要求自己,自觉按照正确的行为规范做事,使孩子在一个幸福、愉快、和谐的家庭环境中学会做人、学会与人相处。

在这种家庭环境中成长起来的孩子,一般性格开朗、活泼,具有心地善良、富有同情心、积极向上且具有良好的思想品德等高尚品质。

（四）家长要不断提高文化素养,追求更高的精神境界

许多事实表明,家长的文化素养决定一个家庭的精神情趣。有的家庭日常生活既严肃又活泼,人人讲究文明礼貌,精神生活丰富、充实、高雅,又喜欢读书学习。在这种环境熏陶下的孩子,定会受到良好的影响。[①]

第三节　说理教育法

说理教育是众多家长常用的教育方法之一,有效运用说理教育的前提是家长要充分尊重孩子的独立人格,与孩子站在同等高度,孩子才能更加容易接受父母的意见。

一、说理教育法的含义

说理教育法是指在家庭教育中,家长通过摆事实、讲道理,纠正孩子在思想品德和行为习惯上的不足,从而使他们养成正确行为习惯的教育方法。

说理教育法是建立在对孩子充分信任和尊重的基础之上,是以理服人,激发孩子自觉性,而不是以理压人。这种方法在家庭教育中易于被孩子接受。说理教育的具体方式有两种:一种是谈话;另一种是讨论。

（1）谈话的内容和方法是多样化的,但内容的深浅程度要适应于孩子的理解接受能力。每次谈话的内容,可以是广泛的,也可以集中谈某一个方面的问题。谈话的态度要温和,气氛应当轻松,不能总是居高临下。要让孩子感觉家长既是他们的良师,又是和蔼可亲的益友。谈话要具有针对性,所谈内容应是孩子正好需要解决的认知问题;同时谈话内容还要有灵活性,根据孩子理解和接受情况,不可强制灌输,要有启发性,引导孩子自己去思考。

（2）讨论这种教育方式更容易被孩子接受。一般情况下,家长同孩子讨论问题,孩子在心理上会认为他们和父母是平等的。通过父亲与孩子或者母亲与孩子之间的讨论,不仅能培养孩子良好的思维习惯,还对其身心发展有较好的促进作用,更加有利于孩子从讨论的问

① 赵忠心.家庭教育学[M].北京:人民教育出版社,2001.

题中得到真知,从而影响他们的思想和行为习惯。

二、说理教育法的实施

说理教育法在家庭教育中是极其普遍,也是经常被使用的方法之一。它具有灵活性、随机性等特点,实施起来相对快捷、简便。在具体实施过程中主要体现在以下几个方面。[①]

(一)说理教育

当家庭成员出现某方面的问题时,如果不能放下思想包袱,就会陷入困惑之中,这时候其他家庭成员要通过摆事实、讲道理的做法,让对方提高认知。更多时候是对孩子进行说理教育。

有些时候,家长可以刻意选择一些比较有意义的话题,引发家庭其他成员的讨论,交流情感。通过语言的交流,吸取别人的优秀见解,使自己的思想得以升华,认知得以提高。在这一过程中,孩子的心智也会默默地发生变化,从而达到说理教育的目的。

对孩子进行说理教育时,可以进行语言训练,开发孩子的思维,提高其表达能力。在这种教育环境中,不仅可以提高孩子的思维能力和表达能力,还可以锻炼孩子思维活跃的程度。很多时候家长要鼓励孩子多表达自己的观点,让孩子参与讨论,从而达到教育的目的。

(二)"不理睬"教育

"不理睬"教育就是在家庭教育中遇到某一具体问题时,家庭成员利用暂时的沉默不进行语言教育。特别是在孩子产生"执拗反应"时,采用此方法效果更佳。

在家庭中,有时会出现家庭成员对问题想不通的情况,如果不停地劝说,会产生语言上的摩擦,继而影响感情。如果暂时沉默,会使对方有一种无形的压力,进而自我审视,从而产生意想不到的效果。

有些孩子由于先天因素或者后天因素的影响,个性极强,性格执拗,只要有一点儿不如意,就大哭大闹,或者赌气,家长无论采取什么方法都无济于事。在这个时候,家长可以采取"不理睬"教育,即对孩子不劝解、不批评、不打骂,甚至有些时候再与注意力转移法相互配合,孩子的"执拗反应"就会渐渐消退,甚至消失。

(三)问答教育

问答教育就是在家庭教育中用互相提问和回答的方式,激发家庭成员的思维活动,促使其积累知识,发展智慧能力的一种方法,这是说理教育法的又一种途径。智力活动的核心是思维活动,而提出问题和回答问题又是思维活动最基本的表现方式。

家庭成员之间要经常有意无意地提出问题,让家庭其他成员回答,从而活跃大家的思

---

① 李天燕.家庭教育学[M].上海:复旦大学出版社,2007.

想,达到交流思想、沟通情感、增长知识的目的。特别要鼓励孩子多向家长提问,有些时候提出一个有技术含量的问题要比回答数个问题更有意义。当孩子提出问题时,家长一定要回答得精准,不能敷衍塞责。如果有些问题家长暂时不能给出标准答案,一定要向孩子承认自己知识浅薄,并且和孩子一起找来书籍或者上网查询答案。这样做不仅能让孩子为提出高技术含量的问题而产生自我成就感,还能让孩子学习到父母诚实的优良品质,最重要的是能让孩子不断地学习新知识。

(四)随机诱导

随机诱导是指家庭教育中的语言说理教育应当随机地进行,即在日常生活过程中见机行事、因势利导。家庭教育应有意识、有目的地向孩子尽量提供系统的刺激,但绝不能像学校教育那样有严格的规定,今天教什么、明天教什么、甚至某个时间段教什么,事事按部就班、不可更改。这也是家庭教育不给孩子造成负担与压力的有效方法之一。

随机诱导,一是家庭成员间的教育要随机,特别是成人之间的教育。家庭成员之间的亲密关系过于正式、机械,会引起孩子反感,不易产生良好的教育效果。利用生活过程中的偶然、随机因素,会使问题自然产生,增强孩子的心理接受能力,引起他们的重视,更好地起到教育效果。二是善于发现和抓住日常生活中的有利因素,自然而然地进行启发引导,在不知不觉中教育孩子,促使其各方面得到发展。

(五)书信教育

书信教育是指父母通过书信的形式把自己想说的话告诉孩子的教育方式。在家庭教育中,运用书信进行教育是一种特殊的、有效的方式。从古至今,我国有许多思想家、政治家、文学家、教育家运用书信的方式来教育孩子,这不但反映了独特的教育思想观念,而且还起到了良好的教育效果。

家庭成员之间有特殊的亲密关系,当双方意见不统一时,由于没有戒备心理,对抗情绪会表现更为强烈。不论夫妻之间还是父母与孩子之间,这种表现都会存在,运用书信交往可以使双方平息激动的心情,以文字传达一种关爱,使之逐步体会到对方所要表达的情感,反省自己的不足,从而达到相互教育的目的。同时,在家庭成员分居异地时,特别是孩子外出读书、工作时,父母运用书信进行沟通交流会产生独特效果,电话交流的效果是不能与之相提并论的。

第四节　表扬激励与批评惩罚并举法

在家庭教育中既要有表扬与激励,又要有批评与惩罚。但是在实际操作中,有些家长更加倾向于批评与惩罚孩子,忽视了表扬与激励,这对孩子身心健康发展会产生负面影响。

一、表扬激励与批评惩罚并举法的含义

表扬激励与批评惩罚并举法是指在家庭教育中,家长将良好的思想品德和行为习惯教授给孩子,但是在实际生活中,孩子往往做得不尽如人意,这时父母就要采取表扬与激励、批评与惩罚等一些基本方法,触动孩子的心灵,最终达到教育目的。

二、表扬激励与批评惩罚并举法的实施

表扬激励与批评惩罚并举法是表扬激励法与批评惩罚法的有机结合,我们将进行分别讨论。

（一）表扬激励法的具体实施

表扬激励法就是对孩子好的思想品德、行为习惯给予积极肯定的评价方法。通过表扬激励使孩子明确和肯定自己的优点,进而激发他们形成良好的思想品德和行为习惯。

家长怎样把表扬激励法应用得更好呢? 需注意以下几点。

1. 表扬激励必须实事求是

表扬孩子的具体行为以及所取得的成果时,要恰如其分,这样既可以使孩子明白自己为什么受到父母的表扬,又可以使孩子对自己的能力、个性、意志品质做出恰当的自我评价,有利于孩子形成正确的自我意识。运用表扬激励法时,要根据孩子的实际情况,一般程度的好采用赞许方式,稍高一些的用表扬,突出表现用激励。表扬奖励的方式不宜过高或故意放低,同时还要根据孩子的个性特点调节表扬分寸。对于容易自傲的孩子一定要掌握好度,不可过量;对于容易退缩、自卑的孩子,应适当加重表扬,鼓励其成长。

2. 表扬激励要及时

对孩子所表现出来的好的思想品德和行为习惯,一经发现及时给予表扬或激励,使之及时得到正强化,否则孩了上进的欲望可能会减弱。

3. 以精神激励为主

激励的方式力求多样化。精神激励可以在闲暇之余带着孩子旅游、逛街、赏景、参加活动、看电影等,物质激励可以是购买玩具、学习用品、图书等,但是要尽量少用或不用金钱激励的方式。

4. 激励要和言语教育相结合

在激励孩子的同时,不管是精神激励还是物质激励,一定要加以必要的言语教育,要向孩子说明情况:这是由于自己的良好表现而得到的激励。这样才能让孩子明白良好表现的

益处,从而激发孩子优秀品德及良好习惯的养成。

(二)批评惩罚法的具体实施

与表扬激励相比,批评惩罚是一种负强化,但同样也具有教育作用。因为在对孩子批评惩罚的时候,孩子会产生内疚、悔恨、痛苦等情绪体验,使之加深对错误的认知,进而从错误当中吸取教训,促使其学会用意志力去克服自身的缺点和不足。

家长怎样把批评惩罚法应用得更好呢?需注意以下几点。

1. 批评惩罚应尊重事实

家长在运用批评惩罚法时,一定要尊重事实,确定是孩子的错误才能进行批评惩罚。如果孩子本身没有错,家长一定要把一些与孩子无关的错误强加于孩子身上,不仅会带来家庭情感的不和谐,还会对孩子教育产生负面影响。例如,孩子平时数学成绩都在 95 分以上(满分 100 分),而这次只考了 60 多分,妈妈不问缘由对孩子一顿数落,孩子会感到委屈,甚至会落泪。而实际上这次数学测试考的全是奥数知识,尽管孩子只考了 60 多分,但还是班级前三名。如果想正确地评价孩子,首先要先和孩子一起来分析考了 60 多分的原因。

2. 批评孩子要讲究场合

有的家长因为孩子犯了一些小错误,不分场合就一顿批评,甚至痛打孩子。先不说孩子犯错误本身也是一种成长,家长不分场合批评孩子,虽然孩子还小没有反驳能力,但此时此刻会在孩子内心埋下创伤种子,势必会影响孩子自尊心的养成。

3. 控制情绪,不要体罚

许多父母误以为惩罚是体罚,这是错误的。体罚是要给孩子以痛苦的体验,强制执行,剥夺孩子的某种权利,限制某种精神上的需要,不允许孩子做他想做的事,使其某种愿望不能得以实现;或要求孩子做他们不想做的事等。体罚会摧残孩子的心灵,伤害其自尊心,使其人格发生扭曲;体罚过重,周期较长,待孩子长大后会与现实生活格格不入;体罚容易使孩子形成撒谎、退缩等问题行为;体罚会使孩子完全丧失自我教育的主动性;体罚会引起孩子的对抗情绪,引发逆反行为,会降低父母在孩子心目中的威信,使父母失去教育主动权;体罚容易把孩子逼上邪路,甚至走上绝路。①

第五节　实践锻炼法

随着社会的发展,家庭教育方法呈现多样化,父母教育孩子不能只凭借言语说教,也不能只是在家中进行榜样教育,还应该带孩子参加一些社会实践活动,从而达到实践锻炼的真

---

① 黄河清.家庭教育学[M].上海:华东师范大学出版社,2014.

正意义。

一、实践锻炼法的含义

实践锻炼法是指父母根据孩子的智力发展情况,以社会对人才的具体要求为参考,陪同孩子到社会环境中参与实践的家教方法。这种方法旨在锻炼孩子接触社会的基本能力,达到升华思想品德、锻炼思维、增长知识以及养成良好习惯的教育目的。

二、实践锻炼法的实施

实践锻炼法在具体实施中需要注意以下几点。

(一)提高家庭成员对实践锻炼意义的认知,调动其积极性

实践锻炼是通过一定的活动实现知与行的转化过程。这一过程要坚持下去需要靠家庭成员充分的认知,调动自身的积极性,自觉参加实践锻炼。对未成年孩子,父母要利用孩子争强好胜、好奇心强的心理特点,并在实践锻炼中增强游戏性、竞争性和趣味性,促使他们兴致勃勃地主动参加实践锻炼,接受必要的磨炼。①

(二)父母要鼓励孩子参与实践锻炼

有些孩子很喜欢跟随父母到社会活动场所共同参与实践锻炼,可一旦遇到困难,就会产生退缩心理。在儿童成长期发生类似的事情很正常,家长一定要鼓励孩子不惧困难,前提是父母给孩子选择的实践锻炼活动一定要符合孩子年龄阶段的心理特征。一个三四岁的孩子,家长让其与六七岁的孩子玩竞技游戏,也许家长认为这是超前教育,殊不知,这样只会打击孩子的自信心。

(三)指导孩子参与实践锻炼时积极思考

家长陪同孩子参与实践锻炼,不仅能培养孩子的动手能力,还能培养孩子的思维能力。有时候,锻炼项目需要智力因素,作为家长就要和孩子一起探讨怎样才能达到最佳的锻炼效果。家长不可以把有效方法直接告诉孩子,而是要引导孩子进行思考,这样的实践锻炼才会产生一举多得的效果。

(四)家长应积极参与

有的社会实践活动,不仅要孩子全程参加,家长也要全程参加。有的家长总是找一些理由逃避,这样只会打击孩子参与的积极性。孩子自己在活动,家长在旁边坐着不动,自然会

---

① 李天燕.家庭教育学[M].上海:复旦大学出版社,2007.

影响孩子潜力的发挥,达不到实践活动的效果。因此,家长应积极参与,带动和启发孩子的实践能力。

第六节　学习引导法

孩子在一个美好的环境中成长,不仅要玩好,还要学习好。两者在家庭教育内容中同等重要。童年期孩子的心智是不健全的,因此需要父母在方法上加以指导。

一、学习引导法的含义

学习引导法是指父母通过一定的方式、方法,引导孩子从对知识的探索到主动学习的过程。

二、学习引导法的实施

孩子天生贪玩,那么为什么有的孩子喜欢阅读、绘画呢?这主要取决于家庭教育中父母的正确引导。

(一)想让孩子主动学习,首先自己要多学习

父母是孩子的第一任教师,第一任教师做得好与坏,将直接影响孩子的身心发展,甚至影响孩子一生的幸福。

未成年孩子拥有较强的模仿能力,可以想象一下,下班后第一个任务是玩电子游戏的父母,怎么让孩子好好地读书呢?孩子即使在父母的种种压力之下拿起书本,心思也极有可能早已跑到九霄云外去了。父母要想培养孩子主动学习的习惯,需要从自身做起,例如,下班后读一会儿书。在孩子成长期间,父母经常做的事情,会在孩子头脑中留下印象。另外,父母也可以和孩子共同阅读课外书,给孩子讲解其中的趣闻趣事,这会对孩子养成良好的阅读习惯起到推动作用。

(二)引导孩子去读一些自己喜欢且适合的课外书

有些家长认为,社会上有一定价值的书才值得孩子去阅读,这样的想法是错误的。孩子在兴趣开发期间,不是通过阅读获取知识,而是通过阅读去建立阅读兴趣。孩子只要建立了阅读兴趣,今后自然会自主选择那些有益于知识增长的书籍、报纸、杂志。

家长可以在周末陪同孩子来到书店,与孩子一起选择自己喜欢的书籍,家长在此时只需发挥陪伴和付款的功能,必要的时候再加以引导,图书选择的权利就交给孩子吧!孩子自己选择的书,才能更加认真地阅读。

现在很多小学教师,在班级中直接给学生开出本学期必读书单,甚至还要规定必须购买哪个版本的图书。这种行为的出发点固然很好,但是教师规定的必读书未必是学生真正喜欢的图书,学生即使购买了,也极有可能随处乱扔。

(三)加强学习指导

当孩子自己读完或者与家长共同读完一本课外书时,家长可以和孩子共同回顾书中所讲到的知识,这样不仅能帮助孩子养成温习的习惯,还能培养孩子积极思考的习惯。当读到一些名人事迹时,家长可以和孩子共同讨论,从而升华孩子的思想品德,引导孩子向其学习。

第七节　行为训练法

在家庭教育体系中,仅采取以上章节提到的家庭教育方法还是不够的,有时还需要行为训练法的有效配合,这样才能更加完美地体现家庭教育方法的整体性。

一、行为训练法的含义

行为训练法是指父母在家庭教育中,根据一些特定的行为原理,改正孩子不良的行为习惯,从而达到培养孩子良好行为习惯的目的。

二、行为训练法的实施

(一)强化训练法

心理学研究指出,若某一行为取得好的效果并得到奖赏,这种行为在今后重复出现的次数就会增加;反之,某一行为其效果不佳,受到惩罚,这种行为出现的次数就会减少。效果对行为起强化作用。因此,父母对孩子的行为训练可采取以下方式。

1. 塑造法

父母在教育孩子的时候用正强化的手段能够巩固孩子的良好行为,使之不断出现所要求的行为。采用这一方法时,父母应注意制定适当的目标,考虑塑造孩子什么行为,每一步应该如何做,而且每一步都要定出可以强化的标准。正强化的手段可以是点头、微笑、赞许、表扬、奖励,也可以是允许孩子玩自己喜欢的玩具或喜欢的娱乐活动,或者奖励有意义的实物。使用正强化时应注意:强化物一定要对孩子有正面的影响,真正起到强化作用;强化物的呈现要及时,意义要明确,表彰什么?惩罚什么?父母要心中有数;强化的标准要逐步提高,强化的次数则要逐渐减少;强化物应由实物渐次变为言语的强化。[①]

2.消退法

消退法是指父母对孩子的不良行为不予关注,不予强化,使之逐渐消退的方法。例如,孩子执意要做一件事情时,父母可以采取只顾着自己做事的方法,表面上不照看孩子。当孩子看到自己的不合理要求没有得到父母应允时,孩子的行为便会逐步退却,最终消失。

(二)模仿训练法

模仿训练法是指在家庭教育中,孩子较易从模仿对象(如父母、爷爷、奶奶等)中模仿一些行为习惯。运用模仿训练法时,必须要求孩子较易模仿的对象规范自己的一言一行,从而起到模范作用。

运用模仿训练法时,应注意以下几点。

(1)家长对自己一言一行要负责,这样才能给孩子提供一个良好的模仿对象。

(2)引导孩子观察他人的言行,并与孩子一起分析讨论。明确应该学习什么行为,不应该学习什么行为。

(3)在生活中,当孩子受到模仿对象的正面影响而做出良好行为时,一定要给予当面表扬。

(三)指导训练法

指导训练法是指父母应该培养孩子良好的生活习惯,帮助孩子安排好日常生活,并逐步引导其感受生活的乐趣和提高独立生活的能力。运用指导训练法要注意以下几点。

1.根据孩子年龄进行指导

在孩子成长的各个阶段,父母运用的方法都会有所不同。在孩子心智逐步发展阶段,可多用启发、点拨、暗示等方式加以引导,充分发挥孩子的主动性和创造性;对即将进入青春期的孩子可以引导并且督促其独立安排生活。

2.全面指导

父母对孩子的学习、娱乐、体育、家务劳动、休息等都应该全方位考虑,不能只管学习而不管其他。

3.从小抓起,严格要求

父母对孩子在日常生活中存在的缺点,绝不能迁就放任,应当严格纠正,并持之以恒促进其成长。

---

① 彭德华.家庭教育新概念[M].兰州:甘肃教育出版社,2001.

4.循序渐进的生活训练方式

循序渐进的生活训练方式即采取逐步提高要求,从扶着走到独立走的生活训练方式,进而让孩子自己解决一些小问题。

5.从实际出发,照顾孩子个性养成

从实际出发,照顾孩子个性养成即因人、因时、因事、因环境条件的变化,对孩子提出具体要求,做出客观分析、评论。①

6.鼓励孩子做些力所能及的事情

孩子的成长总是跌跌撞撞的,作为家长一定要鼓励其成长。家长应支持孩子在生活中做一些力所能及的小事,并且采用正面表扬的方法,强化这类行为。

思 考 题

1. 你对榜样示范法是怎样理解的?
2. 在家庭教育中,父母应怎样实施环境熏陶法?
3. 谈谈你对"不理睬"教育的理解。
4. 怎样实施表扬激励与批评惩罚并举法?
5. 实践锻炼法实施过程中的注意事项有哪些?
6. 理论联系实际,谈谈父母应该怎样帮助孩子建立阅读兴趣。

案 例 分 析

浅谈家庭教育中父母的榜样作用②

美国教育家克莱尔曾说:"如果你自己都不准备有所成就,也不能期望你的孩子去做什么。"而"成就"在此的第一要义就是成为孩子接受的、爱慕的、模仿的父母;第二才是在事业和生活其他方面的成就。因此,在孩子面前,父母从思想品德到生活小节,都没有小事。一位妈妈发现5岁的孩子在接受他人礼物时没有说谢谢,就微笑着对孩子说:"欣欣,你好像忘记说什么了?"欣欣显然还没有意识到自己应该说什么,这时,妈妈对客人说:"谢谢您送给欣欣的礼物,我代表欣欣谢谢您!"欣欣听了妈妈的话,意识到自己没有表示应有的礼貌,于是奶声奶气地说:"欣欣也谢谢阿姨!"由此可见,父母不仅是一种权威,还是孩子言行举止标准

---

① 黄河清.家庭教育学[M].上海:华东师范大学出版社,2014.
② 李云霞.浅谈家庭教育中父母的榜样作用[J].新课程学习,2011(9).

的提供者,父母的表现在很多情况下会成为孩子的参照。父母切不可言行不一,言行相悖,这比让孩子放任自流所产生的效果更糟糕。另一位妈妈带着 10 岁的儿子在车站等公共汽车。汽车一到,妈妈立即推搡着儿子上去占座位。也许是人小鬼大,儿子顺利地占到了一个座位。可是妈妈上来一看,脸色顿时变得很难看。下车后,妈妈一路上不停地小声数落儿子,诸如"像你这样以后还有什么出息?我以后别指望你啦!"等,原来妈妈在抱怨儿子只考虑自己,没有把书包放在前面的椅子上,为妈妈抢一个座位。父母要求孩子言行端正、品德优良,就必须先从自己做起。

读完上述案例,结合学过的家庭教育方法,分析案例中两位妈妈在家庭教育中有什么区别,会对孩子造成什么影响。

第六章

不同年龄阶段儿童的家庭教育

个体的成长总是和家庭有着必然的联系,可以理解为家庭教育是个体的终身教育。从胎儿到出生,再到婴幼儿、童年、青少年、中年、老年,直至死亡,都在接受着家庭教育。

每个家长都希望自己的孩子能够茁壮成长,在德、智、体、美、劳等方面得到全面发展。由于每个儿童的遗传素质、家庭生活环境、父母本身素质不同,儿童在不同年龄阶段所呈现出来的身体和心理方面有差异,父母要根据具体情况进行综合分析,采取有效的方式、方法教育孩子。

第一节　胎儿期的家庭教育

很多人认为,对孩子的家庭教育是从孩子出生的那一刻开始的,但是,随着我国学者对胎教研究的逐步深入,越来越多的人认识到胎教的益处。胎教不仅包括父母利用音乐对胎儿进行熏陶,与胎儿进行语言交流,还包括妊娠期间孕妇的良好心态和为孕妇营造的孕育环境。孕妇的良好心态和孕育环境是优生的必要前提,这些内容都是胎儿家庭教育的重要基础。

一、了解胎儿发育过程

1. 胚种期

从受精卵到胎儿降生,大约需要经历三个阶段270天。第一个阶段是胚种期,也称组织和组织分化前期。卵细胞受精后,一方面继续向子宫移动;另一方面开始有丝分裂。第一次细胞分裂大约在受精后24小时(或36小时)内进行,此后细胞按等比级数迅速分裂,约在受精后的第八天(或第九天)胚种进入子宫。进入子宫前受精卵的营养靠卵黄提供,进入子宫后,植入在子宫壁上,营养靠母体供给。

2. 胚胎期

怀孕后的第二周到第八周为胚胎期,又称细胞和组织分化期。这个时期细胞发展极为迅速,胚胎分化出三个细胞层:内胚层、中胚层、外胚层。人体各个器官就是在这三个胚层的基础上分化而形成。外胚层是形成皮肤、感觉器官和神经系统的基础；中胚层进一步分化为肌肉、血液和循环系统；而内胚层则分化为消化系统和其他器官与腺体。胚胎浸泡在羊水之中，通过胎盘跟母体进行物质交换。两个月后，它的长度为 3.8～5 厘米，体重约为 2 克，与受精卵相比增加了两万倍。在人的整个生命历程中，胚胎期是发育最快的时期。这时，它已基本像个人的样子了，四肢已得到相当大的发育，有了手指与脚趾、脸、耳朵、眼睛、嘴巴已清晰可见，心脏在跳动，神经系统显示出最初的反应。在这个时期，胚胎对环境影响非常敏感。

3. 胎儿期

怀孕后的第三个月到出生为止是胎儿期，也称器官和功能分化期。各组织器官生成并进一步分化。这个时期的早期，胎儿生长达到高峰，以后有所下降。胎儿的发展主要是使已形成的组织与器官更趋分化，躯体比例改变，大约比原来增长 20 倍，机能增加。五个月的胎儿内部器官及神经系统大致完成并开始发挥作用，还出现了一些在子宫中与生存有关的反射。胎儿在出生前的三个月中，为出生后对生命有至关重要意义的机能（如吞咽、便溺、消化道的肌肉运动）做"高级准备"。

怀孕后的每一天对个体的发展都十分重要，但相比之下，妊娠的头三个月最为关键性，3/4 的流产发生在这一阶段。环境中的致畸因子在胚胎期和胎儿期的初期作用最大，这是因为在细胞和组织分化前期，所有细胞和组织都是按照严格的步骤与精准的规律进行繁殖、分化、迁移和消长，并有条不紊地形成各个器官的原基，对这一阶段的任一环节和步骤的干扰，都会引起各种各样畸形的发生，严重的甚至会发生死胎、流产。

二、胎儿正常发育的条件[①]

任何一个个体在受精卵形成的那一瞬间，其特有的遗传因子就已经决定了，有些先天缺陷是遗传的。生命从开始形成的那一刻起，甚至在这之前就已受到环境的影响（配子形成过程也受到环境影响），因此，有一些先天缺陷是由于环境的危害或环境和遗传的某种相互作用而引起的。胎儿正常发育所需要的条件主要有以下几种。

1. 孕妇的营养供给

胎儿的营养供给是通过脐带和胎盘的半渗透薄膜从母体的血液系统中汲取的，因此，怀孕期的营养对母亲和胎儿至关重要。许多研究表明，母亲营养良好，妊娠和分娩就会比较顺利，出生的孩子也更为健康；而母亲营养不足，就很可能生出不足月的或体重较轻的孩子，或者孩子是死胎，或者产后不久死去。

营养与大脑发育有很大关系。在怀孕五个月以后，胎儿的大脑开始逐渐形成，在出生前人类脑细胞的数量是呈直线上升的。国外一些研究表明，母亲在妊娠初期营养不良，胎儿受

① 刘金花.儿童发展心理学[M].上海：华东师范大学出版社，2013.

害很大。如果怀孕后的头六个月胎儿营养不良,那么智力落后的可能性很大。另一些研究表明,在妊娠期的最后三个月中,母亲营养不良所产生的影响更为严重。一般孕妇在妊娠早期的呕吐反应易导致胎儿缺乏营养。有些孕妇害怕发胖或担心胎儿过大增加分娩的困难而不敢多吃食物是不妥的。有些研究者认为,孕妇的饮食可不加控制。

2. 孕妇的疾病史

孕妇的身体健康和营养一样也是十分重要的。尤其是怀孕后的头三个月内,母亲害病对胎儿发育影响最大。某些疾病和微生物对胚胎具有致畸作用,比细菌还小的病毒可以轻而易举地穿透胎盘长驱直入直接影响胎盘。

3. 药物和其他致畸因素

药物、咖啡因、毒品(可卡因、海洛因等)、尼古丁、酒精、有毒化学物质和环境污染都会干扰胚胎正常发育,对胎儿造成伤害,引起畸胎。

4. 辐射

辐射会引起基因突变、染色体异常。怀孕早期的母亲,尤其是在怀孕后六周之内,X射线的辐射对胎儿影响最为严重,因为这时正是主要器官发育的关键时期。如果孕妇受到X射线照射,就会使孩子产生小头畸形、智力缺陷、腭裂、失明、唐氏综合征、生殖器畸形等。

5. 孕妇的情绪

我国古代就讲究胎教,有孕期"清心养性,避免七情(喜、怒、忧、思、悲、恐、惊)所伤"之说。在很长的一段时间里,胎教被认为是唯心的,逐渐被人遗忘。自20世纪60年代起,国外(如日本和美国)有些学者开始从事胎教的研究和实践,取得了一定的成果。我国学者对胎教的研究和应用在最近几年有了开端。母亲的情绪、心理状态对胎儿的发育也有影响,当然这里是指情绪深沉、持续时间较长的情绪。一个心情安静、舒畅的母亲,和一个心情紧张、忧虑的母亲相比,他们的胎儿生活在大不相同的环境里,两者血液中的化学成分、全身循环流动的激素以及细胞的新陈代谢都不相同。母亲发怒、害怕或忧愁会使内分泌腺,尤其是肾上腺分泌出各种不同种类和不同数量的激素,使细胞新陈代谢发生变化,血液里的合成物也发生变化。结合很多国内外案例,孕期忧虑、惊恐状态的加重、营养缺乏及疲劳等是新生儿畸形率增加的一个主要原因。戴维茨(Davids)等人的研究表明,怀孕后焦虑不安的母亲比起那些情绪比较正常的母亲,在分娩时更易出现问题,以致生出异常的孩子。这是因为当孕妇情绪紧张时,在妊娠的关键期肾上腺皮质会分泌出过量的氢化可的松激素,从而阻碍胎儿颌骨正常合拢,出现腭裂,当裂痕延伸至上唇时出现唇裂。但是,这个研究也发现,受到影响的孩子有25%的亲属是腭裂和唇裂,因此,这种先天性的畸形很可能是遗传和紧张感(环境因素)共同作用的结果。

先天因素的优劣将影响儿童心理发展的速度、水平和特点。有研究表明,呆傻儿童50%以上是先天因素造成的。保证胎儿有正常发育的条件和环境是非常重要的,要做到这一点,怀孕期间必须使孕妇身体健康、营养充足以及心情状态良好。

三、胎儿期外部环境教育方式

有相关研究表明,仅仅几个月的胎儿在母亲腹中就已能感受到外部的刺激,并且会做出必要的反应。因此,在对孩子教育时,应从胎教做起。国内外学者一致认为,受过良好胎教的胎儿,出生后在语言发展、智力发育方面会比没有受过胎教的儿童反应更快、发育更好。

1. 环境胎教

良好的外部环境不仅可以使孕妇心情舒畅、身心放松,还能促进胎儿的成长发育。这里包括良好的居住环境,家具摆设整洁、有序将会对孕妇的情绪起到良好的促进作用,同时也能影响到胎儿的成长发育。

良好的胎教环境还包括孕妇要人为地去创造一些优良环境。比如,自己喜欢画作,可以在客厅、卧室里挂一些自己喜欢的绘画作品,时常欣赏自己喜欢的画作,心情也会愉悦起来。

2. 音乐胎教

音乐作为胎教的内容受到科学界的一致肯定。音乐的节奏和独特的音响可以引起人的生命活动周期(如心率、呼吸率等)的变化。它既可以使孕妇心情愉快,促使生命中枢正常活动,从而提高免疫能力;又可以使胎儿获得丰富的刺激环境,促进脑细胞的发育,情绪稳定,使整个身心发育处于最佳状态。音乐胎教目前已被世界各国医学界、心理学界的临床人员所研究、应用和推广。

用于胎教的音乐应经过严格的挑选。适合做胎教音乐的曲子应该具备以下条件:一是乐曲优美、配乐精致、音色丰满、和声简明、篇幅适中,切忌单调冗长。二是乐曲欢快、明朗、歌词以歌颂大自然、歌颂祖国为宜,也可以用一些催眠曲或轻音乐。如果母亲会唱歌,也可自行给胎儿演唱,同时再加以抚摸腹部效果会更佳。

3. 言语胎教

言语胎教在实际生活中应用要比音乐胎教更为频繁,言语胎教也和音乐胎教同样重要。通过言语,胎儿了解父母的声音,可以减少胎儿出生后对人际环境的陌生感和不安全感;可以提高胎儿和胎儿出生后对言语的敏感性,使婴儿语言发展比一般同龄儿童更早。言语胎教还可以激发胎儿脑细胞的增长,可以为胎儿大脑两半球语言功能的平衡发展奠定良好的基础,使胎儿尽早储存一定数量的词汇,为出生后思维的迅速发展打下良好的基础。经过言语胎教的婴儿在烦躁的时候,一旦听到父亲或母亲的声音就会很快安静下来。[①]

使用言语胎教可以选择一些比较有格调的诗歌、短文、散文、童话以及寓言故事,这些都是很好的言语胎教材料。

---

① 李天燕.家庭教育学[M].上海:复旦大学出版社,2007.

第二节　婴儿期的家庭教育

婴儿期是指生命体从出生到3岁这一阶段。这一时期又可以分为3个阶段:新生儿期(出生后至第一个月)、乳儿期(一个月～1岁)和学步期(1～3岁)。这3个阶段的婴儿身心发展各有不同。

一、婴儿期身心发展的主要特征[1]

(1)刚出生至一个月的孩子被称为新生儿期,表面上看非常软弱、娇嫩。在这一个月中他们非常喜欢安静,大多数时间在睡眠中度过,在休养中积蓄力量来适应崭新的环境。

(2)乳儿期的孩子经过一个月对人世的适应,不再像以前那么喜欢独立、安静地贪睡了。婴儿逐渐表现出对外界的一切都有兴趣,开始逐渐活跃起来。这一阶段的孩子语言开始萌芽,大约在6个月左右对语言有了初步的理解能力;大约在9个月的时候,初步了解成人的语言。这一阶段动作的发展从乳儿期的躺卧姿势开始,逐渐学会抬头、翻身和爬行,在接近一岁时开始在父母的帮助下,学习扶站和学步。

(3)孩子在一岁之后,进入了学步期。在新的生活条件下,身心继续得到发展。这一时期是儿童生长发育最快的时期之一,也是真正形成人类心理特点的时期。这一时期是语言发展的关键期,1.5～2岁逐渐会以成句的方式表达,2岁之后基本能够用语言和成人交流。这一时期的动作发展遵循自上而下、由躯体中心向外围、从粗大动作到精细动作的发展规律。儿童从乳儿期的走不稳到会走、会跑、会跳,并进行游戏活动,至此,人类的基本动作都已经掌握。在认知的发展上,孩子2岁的时候产生高级认知活动的萌芽,想象、直觉行动思维的出现,使他们的认知能力发生了质的变化,并导致他们整个心理发展产生转折。

二、婴儿期的家庭教育内容[2]

(一)健康哺育

乳儿期是婴儿以乳类,尤其以母乳为主要食物的时期。世界卫生组织在全球提倡的母乳喂养,其意义是多方面的,它既能保证婴儿吸收丰富的物质营养,又能促进婴儿的心理健康发展。据研究,母乳喂养大的孩子,一般身体强壮、情绪健康、情感丰富。

更重要的是,母乳喂养是母亲与孩子间一种爱的传递过程,但不恰当的母乳喂养习惯也会带来负面的影响。如果母亲只把喂奶当作一件要完成的任务,在孩子吃奶的同时思考别

---

① 何俊华,马东平.家庭教育学[M].北京:清华大学出版社,2017.
② 黄河清.家庭教育学[M].上海:华东师范大学出版社,2014.

的事情或者忙于别的事情,这不利于孩子的情感发展。如果母亲没有奶水,而要采用其他奶源,母亲也应像自己哺喂一样,通过抚摸、微笑、交流给孩子以深厚的爱,这样的行为也能在一定程度上满足孩子的情感需要。

孩子在 4~6 个月后,母亲要逐渐让孩子脱离母乳喂养,添加营养丰富、容易消化的辅食。断奶对一个孩子后天的发展具有重要的作用,如果处理不当,很可能会对孩子幼小的心灵造成极大的精神刺激。此时,母亲应懂得在给孩子断奶前用一些替代办法帮助婴儿逐渐过渡,例如,可以喂孩子一些米粉、营养粥之类的食物。突然让孩子断奶,强迫孩子改吃其他的东西,这种不当的做法可能会引起不良的后果,从而影响孩子的身心健康。

(二)培养孩子良好的生活习惯

此时的孩子生活自理能力较差,不少家长漠视培养孩子的生活习惯,对孩子过度疼爱,事事包办,这样只会培养孩子不良的生活习惯。良好的生活习惯将会为孩子一生发展奠定基础。婴儿期是儿童行为习惯形成的关键时期,良好的睡眠习惯、饮食习惯、如厕习惯和洗漱习惯是生活习惯培养的主要内容。

习惯的形成需要训练,需要时间积累,一旦形成将很难改变。在训练时,父母要注意方法和态度。鼓励孩子做些力所能及的事情,利用喜爱模仿的特点,多采用直接示范的方法,激发孩子的主动性和积极性。当孩子控制不好时,不能责骂和惩罚,要耐心、和蔼地给予孩子帮助,否则,就会使孩子幼小的心灵受到伤害。

(三)注重培养孩子的语言能力

1~3 岁的孩子,逐步学会了独立行走,与周围环境的接触越来越多,视野也扩大了许多,语言的发展也得到了提高。

1~1.5 岁的婴儿开始能理解和说出几个有意义的单词。1.5~2 岁的婴儿可以简单和父母交谈生活情节中的一些事件。2~3 岁时婴儿的复合句开始得以发展,在成人的指导和帮助下,婴儿已经基本掌握了语言。这个时候他们不仅能理解成人的简单语言,自己也能够以言语与成人交往,尤其喜欢向长辈不停地提问。父母在这个时候可能会感觉有点厌烦,但此时一定不能伤害孩子的自尊心,应该多和孩子进行言语交流,从而增强孩子的语言表达能力。

(四)做好孩子入园前的准备

从在父母的怀抱中,到突然被送去幼儿园,孩子很难接受这样的转变。在孩子入园前,父母应做好一些相关的准备。父母可以经常带孩子外出,接触更多的环境,还可以带孩子到幼儿园里观摩其他小朋友愉快玩耍的情境,了解幼儿园里的环境。经历过多次这样的场景后,孩子心中就会感觉幼儿园是个神奇的地方,自己也会有跃跃欲试的感觉,然后父母再多加鼓励,孩子即使上了幼儿园,也时常会有哭闹的现象,但是相比没有做过这样入园前体验的孩子来说,适应能力会更强一些。

第三节 幼儿期的家庭教育

3~6岁这个时期被称为孩子的幼儿期，也可以称为学龄前期。这个时期是孩子个性、人格、智力发展的最佳时期。

一、幼儿期身心发展的主要特征

幼儿期的孩子，逐渐学会和父母用语言交流，可以独立行走、跑步、游戏，大脑有简单的思维能力，身心得到较大的发展。

孩子进入幼儿期，除了语言、动作发展外，能独立与人进行交往，思维能力有所增强，个性特征逐步显现。在这一时期，孩子能自己吃饭、穿衣、洗手、洗脸，并且能够从事家庭中一些简单的家务活动。在语言发展上，词汇量逐渐增加，3岁的孩子能掌握1000个，4岁的孩子能掌握2000个，5岁的孩子能掌握3000个，6岁的孩子能掌握4000个，且在6岁的时候会说较为复杂的复合句。在观察力上，3岁能区分上下，4岁能识别前后，5岁能辨左右，6岁能正确区分前、后、左、右四个方向，并能正确辨别"昨天""今天"和"明天"，但对"大前天"和"大后天"，往往容易混淆。这段时期的孩子常常把头脑里想象的事物与现实混淆，从而容易"说谎"，父母对此不能视为品质不好，而应正确引导。[①]

综上所述，幼儿期孩子的身心发展是随着语言和动作的发展而逐步发展起来的，因此家长们一定要重视这个时期孩子的语言和动作发展。

二、幼儿期的家庭教育内容

随着儿童从婴儿期进入幼儿期，父母对孩子的教养方式也随之改变。这个时期父母要重视孩子的饮食教育、安全教育、良好习惯的培养、良好情绪情感的培养及入学前的准备工作。

（一）饮食教育

这个时期的儿童饭量很小。通常情况下，幼儿可以和其他家庭成员食用相同的食物，不需要另外准备特殊的食物。为了更好地促进幼儿身体的正常发育，大多数父母认识到幼儿需要从多种食物和补充物中摄取充足的蛋白质、钙、其他矿物质以及维生素等营养，所以父母会为幼儿准备不同的食物和食物配料，这样的确能较好地满足幼儿的营养需要。但父母常常会强迫幼儿严格遵守他们规定的饮食要求，吃完他们准备的所有食物，这样就会在不知

---

① 李天燕.家庭教育学[M].上海：复旦大学出版社，2007.

不觉中强化幼儿的饮食问题,从而出现挑食、厌食等现象。父母应该鼓励幼儿尝试不同的食物种类,同时尊重幼儿的意愿,不能强迫孩子一定要吃哪种食物。[①]

另外,幼儿会偏爱一些不利于身体发育的食品,比如,糖含量过高的食品、油炸食品等,这些都会引起儿童肥胖和其他身体疾病。父母发现这个情况应立即制止。

(二)安全教育

由于幼儿的自我保护意识非常弱,当下社会伤害幼儿的事件频频发生,究其原因是家长缺乏家庭安全知识,对安全防范的意识很薄弱,不重视幼儿的监护措施、家庭安全教育。同时对家庭可能发生安全隐患的物品和设施,如菜刀、电器、玻璃制品、桌角、打火机等,未加以适当控制。因此,父母应该对幼儿进行安全教育,让孩子懂得哪些东西不能碰、哪些事情不能做、哪些地方不能去,教会孩子在家庭外走路要遵守交通规则,保证室内及室外游戏设备无安全隐患。此外,幼儿不管身处何方,都要每时每刻记住自己所处位置的详细地址,以备在突发事件时,向施救方(如医院、消防等)描述自己的准确位置。

(三)良好习惯的培养

父母要培养孩子的良好习惯,这其中包含的内容十分广泛,父母很难面面俱到。通常情况下,父母需要从生活的各个细节着手培养孩子形成良好的个人卫生习惯和规律的作息时间,如饭前、便后要用洗手液洗手,每天定时排便、定时睡觉、定时用餐。

在家庭教育中,父母为孩子创造一个良好家庭环境的同时,也应以身作则,用自己良好的生活习惯正面影响孩子的习惯养成。

(四)良好情绪情感的培养[②]

家长应把孩子的良好情绪情感的培养作为家庭教育的重要内容,采取有效措施,促进孩子情绪情感的健康发展。然而在目前我国家庭教育的现状中,有不少家长只重视孩子的身体发展和智力开发,却往往忽视孩子情绪情感的培养,或者根本不懂得如何培养。那么,应该培养幼儿何种情绪情感呢?这些情绪情感又该如何培养呢?

首先,要培养幼儿稳定乐观的情绪。因为4~5岁幼儿的情绪情感虽然比3岁前有很大发展,但仍具有易变化、易受感染、易冲动、外露等特点。针对这些特点,家长既要着重培养孩子稳定、乐观的情绪,又要预防和消除各种不良情绪。幼儿的情绪易受成人情绪的感染,而且变化较快。因此,家长平时要尽可能表现得愉快、喜悦、乐观向上,孩子长期受到感染,就容易形成愉快乐观的情绪。假如孩子情绪波动,大哭大闹,家长可用诱人的玩具或其他心爱的东西转移他的注意力,使其尽快平静下来。但是,这种方法不能滥用,否则将不利于孩

---

① 何俊华,马东平.家庭教育学[M].北京:清华大学出版社,2017.
② 黄河清.家庭教育学[M].上海:华东师范大学出版社,2014.

子控制情绪。作为家长还要经常教育、要求孩子,让他逐渐学会控制自己的情绪。在幼儿情绪发展的过程中,常常会出现恐惧、怯生、爱哭等不良情绪。这些不良情绪应当引起家长的注意,并帮助孩子克服。

其次,要对孩子进行爱的双向引导,培养孩子的善良仁爱之心。父母在爱孩子的同时,也要教育孩子爱父母,要让孩子知道父母抚养他的辛苦,教育孩子为父母着想,主动帮助大人做力所能及的事情。要改变把独生子女当作"小太阳"的想法和做法,要让孩子懂得人与人之间应互谅互让、互敬互爱、互帮互助。要结合幼儿的生活实际,寓教于爱,随机对幼儿进行教育,如教育幼儿爱护花草树木以及关心弱小群体。这样既有助于培养孩子的环保意识,又有助于培养幼儿同情他人、关心他人、为他人着想的善良仁爱的高尚品质。

最后,要从小在幼儿心中播下爱祖国、爱家乡的种子。爱祖国、爱家乡是对幼儿进行情感教育的内容之一。只有把我国人民世世代代对祖国、对家乡的深情厚谊传递给孩子,才能确保他们长大后不崇洋媚外,成为建设国家的栋梁之材。首先,孩子爱国之心的培养应从身边开始,教孩子爱父母、爱家长、爱幼儿园等,从而将抽象的祖国变为形象具体的概念。其次,可采用生动活泼的形式来丰富孩子的感性认知。例如,可通过讲故事、看电视、参观纪念馆等形式对幼儿进行教育,避免脱离实际的空洞说教,这样才能有效培养孩子对祖国、对家乡产生深厚的情感。

（五）入学前的准备工作

孩子通常在幼儿期结束后要进入小学阶段。在进入小学阶段前,如果家长能做好相关的衔接工作,孩子进入小学后相对容易适应学校生活。否则,对于孩子来说突然接触到陌生的环境将会是一个巨大的心理挑战。

在入学前的一两年中,父母首先要有意识地培养孩子读书、写字、绘画、数数的基本能力。不用要求过于严格,只要让孩子了解一些基本的知识即可,但一定要建立在孩子本人意愿的基础上,如果孩子不愿意学而乐于玩游戏,父母可以待孩子游戏结束后和孩子一起学习。另外,还要培养孩子的专注力,专心致志地做好生活中的每件事情。最后,还要训练孩子与同伴的相处能力,以及同伴间发生矛盾时,如何处理矛盾的能力。

家长只有做好入学前的准备工作,孩子才会更加容易适应小学生活,成绩也会在班级中名列前茅。

第四节　童年期的家庭教育

童年期是指六七岁至十一二岁的这一时期,又被称为学龄初期,它是人生发展的又一个关键期。本节主要探讨童年期儿童社会角色的转变、心理环境的变化以及童年期儿童家庭教育要点。

一、童年期身心发展的主要特征①

童年期儿童面临着进入小学阶段,心理上的变化和所要接受的挑战将会是这一阶段面临的主要冲突。在这一时期所表现的身心特征主要有以下几点。

(一)童年期儿童的生理发展

1. 童年期儿童的身高和体重

这一阶段孩子的身高和体重变化是缓慢与稳步发展的,身材的变化不会像入学前那么显著,身高、体重平稳发展,活动量逐渐增加。此阶段的身高增加没有体重增加那么明显,胸部逐渐变宽,身材显得更为细长。

2. 童年期儿童的脑和神经的发育

大脑的重量逐渐接近于成人,9 岁时大脑重达 1350 克。大脑额叶有明显的增大,运动的准确性与协调性得到进一步发展,神经系统进一步发展,条件反射比较容易形成,这一阶段是培养各种良好习惯的大好时机。12 岁儿童的大脑重量约为 1400 克,已经接近于成人,脑枕叶、颞叶基本成熟,大脑高级神经系统活动机能进一步加强,睡眠时间需要 9~10 个小时。

3. 童年期儿童的骨骼

这一阶段孩子的头部骨骼会进一步发育,前额、下巴等骨骼进一步突出,面部特征逐渐接近成年人。总体来看,经过这一阶段的生长发育,孩子的脸形、头骨和大脑的发育已经基本完善。骨骼比较柔软,骨化尚未完成,有较大的弹性和可塑性,所以不易骨折,而易变形,尤其脊柱、胸廓最容易变形。

4. 童年期儿童的牙齿

这一阶段孩子的牙齿变化很大,乳牙开始脱落,恒牙逐渐萌出,咀嚼能力明显增强,有利于营养的吸收,但消化器官比较娇嫩。第一颗恒牙出现在 6 周岁左右,在随后的 5~6 年中,每年可以长出 3~4 颗恒牙,到 12 岁左右,大部分的孩子拥有 28 颗牙,除了智齿外,全部恒牙已经长全。

5. 童年期儿童的营养与发育

童年期儿童比成人需要更多的高品质蛋白质以供身体的发育,需要更多的热量以满足他们高能量的需求。一个运动量不足的儿童如果饮食过量,则会造成终身肥胖。必须谨记的是营养过剩与营养不良都对健康有害。为了促进身体健康,饮食应包括四种基本食物:奶

---

① 缪建东.家庭教育学[M].北京:高等教育出版社,2015.

制品、各种谷物、水果蔬菜、肉鱼家禽类。

营养不良和不良身体状况常常是形影不离的,它们同时消减可用于学习和社交的时间与能量。在营养不良的儿童中,与年龄对应的身体素质下降也意味着认知功能低下。

6.童年期儿童运动技能的发展

这一阶段大部分8～10岁的男孩和女孩的身体技能,如仰卧起坐、立定跳远或短跑处于相似的水平。从7～8岁开始,大部分的孩子平衡能力、身体的协调性和动作的准确性开始发展。这一阶段的孩子已经具备了一些竞技体育的技能,而且可能会在一些项目上表现出一定的特长。此时期的孩子参加竞技项目,父母要注意孩子是否会在竞技项目中身心受到挫折,孩子是否真正喜欢此项目运动,即他们能否从中获得愉快的体验。

(二)童年期儿童的认知发展

1.童年期儿童的认知发展

从前运算阶段向具体运算阶段转变。在7～11岁这一阶段,儿童的理解能力在准确性、复杂性和适应性上都会得到稳步而全面的发展。这一阶段孩子理解能力发展的一个良好标志就是对一个故事、一个过程能够按照自己的理解加以总结概括。随着年龄的增长,他们的思维能力和注意力不再像之前那样分散。在日常生活学习中,他们逐步喜欢用有条不紊的方式管理自己的时间;他们的思维能力和实际动手能力也逐渐显示出更大的创造性与适应性。按照皮亚杰的理论,这时的孩子从极端的自我中心状态转向以他人为中心,即从他人的角度观察事物的能力日益增强。到了具体运算阶段的儿童才能令人信服地显示出以他人的观点来看待事物的能力。

2.童年期儿童的注意力发展

这段时期儿童的注意力还处在不稳定的阶段,无意注意仍起重要作用。一般情况下,7～10岁的学生能持续注意20分钟左右,且直观、形象、新异的教具、教学方式等更能引起其注意。这一时期学生的言语发展水平由口头语言向书面语言过渡,小学四年级(9～10岁)以后,他们的书面语言水平逐步超过口头语言水平,阅读能力也由朗读向默读发展。

3.童年期儿童的道德发展

在道德认知上,随着以自我为中心的状态逐步减弱,七八岁孩子的道德判断变得更加具有相对性。是非判断很果断,这是儿童前期和少年初期的逻辑与判断。学龄期开始出现具体运算,在这一阶段里,正义和和平的准则是在与他人相互协调的情况下制定的,不再被看成是固定统一的。

(三)童年期儿童的情感发展

从儿童早期向后期的过渡过程中,对于从依赖家庭到依赖自己的转变,儿童显得茫然不知所措。在这个过渡期,自我概念的发展对生活的一些方面具有深远的影响。学龄期的孩子进入学校后,人际关系越来越复杂,他们将在生活中发现自我,并且开始不断地探索这个世界。

儿童期的8~9岁是情感发展变化的转折点。这阶段的孩子情感控制能力有较大提高。随着学生情感生活的不断丰富,他们的道德感、责任感、审美感、荣誉感逐渐增强。依赖的重心由家庭转向学校,同伴关系、友谊成为影响学生的重要因素。

从9~10岁开始,大部分的孩子才能真正理解在公共场合与独自一人时要有不同的自我表现、自我管理和自我评价。因此,这个时期的孩子会表现出成人认为的"两面派"。孩子在公共场合会有意识地尽力克制自我或无意识地跟从,保持与社会要求的一致或争取别人的肯定,而在非公共场合(如在家庭中)则会尽力展现本性、本色自我。这个时期孩子的行为和思维方式会显得矛盾:一方面想尽可能地展示真实自我;另一方面又受社会期望,主要是教师和父母的期望与制约,想要成为别人眼中的"好孩子"。这个时候开始出现对父母和教师的教育措施不满的现象,同时在内心上又会感到懊悔。

童年期是孩子成长的敏感期,这段时期的孩子从幼稚逐步走向成熟,走向对自我的分析。由于孩子的发展和任务的出现,父母和教师不再像儿童前期那样善解人意与温情脉脉,而经常成为任务完成的监督者,在态度上也会慢慢变得苛刻和严厉。此时的父母和教师不仅要关注孩子在公共场合的自我表现,同时还需针对孩子的本性开始进行干涉和塑造。

童年期儿童对自己有一定的设想,即在自我意识中出现了希望自己成为什么样的人,也就是理想概念的产生。在这个时期父母往往会引导孩子把自己的理想定得高大、深远,这种暗示往往会成为孩子的理想,因此在这一时期孩子表达出来的理想,往往是父母暗示的结果。父母应该引导孩子根据自己的特质、性格、爱好、兴趣,再结合社会发展的趋势去帮助孩子设想未来的理想,并鼓励孩子通过自我努力、自我超越去实现理想。

二、童年期的家庭教育内容[①]

这一阶段的孩子开始步入小学,小学阶段父母的教育和帮助对儿童来说具有非常重要的意义与作用,儿童的基本生活态度和基本做人准则,就是在这一时期通过父母的教育逐渐形成的。因此,父母应当在了解儿童身心发展特征的前提下,认真地考虑自己的教育影响,执行家庭的使命,促进孩子健康地发展。

童年期的儿童家庭教育主要有以下内容。

(一)做好幼小衔接的准备

上小学对孩子来说是人生的巨大变化之一。大多数孩子早就向往着这一天的到来,对新生活抱有极大的兴趣和好奇心。父母要充分理解他们,保护好他们的这种积极性。

① 黄河清.家庭教育学[M].上海:华东师范大学出版社,2014.

为了避免孩子在生活突然转变时产生不良适应,父母最好在入学前带孩子到学校转一转,看看学校的环境,并且安排好家庭生活作息时间,尽量和学校的作息时间一致。在生活上要对孩子的起床时间、刷牙、休息等进行训练,以适应学校生活的要求。同时,有意识地培养孩子社会交往的能力,创造机会和条件让孩子多结识同伴,并鼓励孩子参与集体活动。还要嘱咐孩子遵守学校规章制度,尊重师长,与同学之间团结友好相处。

(二)对孩子进行安全教育

这一阶段的孩子的安全意识仍然很薄弱,对事故的防护缺乏常识,自我保护和事故应变能力差。父母应当尽力预防和消除家庭中存在的安全隐患,对孩子进行必要的安全教育和自救教育,当孩子发生事故时采取措施给予及时、妥善的救护;支持和配合学校安全教育。不少家长安全防范意识不强,安全知识浅薄,对消除家庭事故隐患不重视;对孩子进行安全教育方法机械单一。因而,家长必须先从自身做起,提高自己安全防范意识和自我安全意识。

家长应时常向孩子灌输安全教育知识,比如应该怎样过马路;灌输一般的生活常识,比如在家庭中,哪些线路开关、插座不能随便触碰;教孩子学会科学防火、防水、防骗,还应该学会在紧急关头拨打120、110、119等紧急电话,并且告诉孩子打电话时应该说明发生的具体事件和详细地点。

(三)帮助孩子适应小学生活,处理好人际关系

这一时期的儿童家庭教育的重要工作之一就是帮助孩子适应学校生活,不仅体现在功课上,还要体现在人际关系上。现在独生子女较多,他们往往比较任性、以自我为中心,缺乏为别人着想的概念,所以同学之间往往冲突不断,处理不好还会面临被同学孤立的局面。父母应当像关心孩子的学业一样关心孩子与同学、朋友之间的交往,因为这会决定孩子今后为人处世的个性和方法。从身心发展角度上讲,这些比孩子成绩提高更为重要。具体操作方案,家长可以从以下几点着手。

1. 了解孩子且给予针对性帮助

父母应当了解孩子在学校班级中的人际关系,有针对性地加以引导和帮助,从而改善孩子和同学相处的状况。如果孩子不受欢迎或被同学孤立,父母首先要给予高度重视,并冷静客观地帮助孩子分析原因,有针对性地寻找解决问题的办法。父母还应从自身行为、交往方式中分析原因,有意识地在以后的家庭教育中加以改进。

2. 帮助孩子了解同伴群体

父母应当委婉地指出孩子同伴的哪些优点是值得大家学习的,同伴的哪些缺点是应该改正的,从而增强他们辨别是非的能力,有选择地接受同伴对他自身的影响,并能通过自己的思想和行为去帮助那些需要改进的同伴。这样不仅能增强孩子与同伴之间的关系,还能

锻炼孩子为人处世的能力。

3. 帮助孩子正确处理交往中的一些问题

比如,使孩子正确对待同伴之间的嫉妒心理,正确对待别人的责难和批评等。父母在遇到孩子抱怨此类问题时,应当先详细了解实情,再客观地教导孩子该如何去正确看待冲突,并培养孩子独立解决矛盾冲突的能力。

4. 鼓励孩子扩大同伴交往范围

父母应当鼓励并创造机会让孩子去结交来自不同家庭、不同性格、不同爱好的朋友。尽量帮助孩子去理解别人的想法和行为,与人达到更为广义上的团结和合作,了解与他人友好团结相处的重要性。在这一方面,家长可以多和孩子的教师交换意见,配合班级活动来进行。

(四)培养孩子良好的学习习惯

在进入小学阶段后,学习成为孩子的主要任务,因而如何培养其良好的学习习惯变得十分重要。良好的学习习惯是提高学习效率,保证学习质量的关键。学习习惯比学习成绩更重要。好的学习成绩是一时的,好的学习习惯可以使孩子终身受益。

培养孩子良好的学习习惯,家长可以从以下几个方面着手。

1. 向孩子提出养成良好习惯方法的基本做法

培养孩子独立学习的能力。例如,集中注意力完成自己的功课,自己对自己的作业负责,家庭作业不依赖父母,不依赖教师。在学习期间不能三心二意,不能做一些与学习无关的小动作。

2. 小学阶段尽量培养孩子预习功课的习惯

如遇到不懂的知识,要标注下来,待课堂上教师讲述。帮助孩子正确使用课外书,养成爱好阅读的习惯,在这里阅读习惯要比阅读内容更重要。有的家长强迫三四年级的孩子去阅读四大名著之类的经典文学,孩子即使迫于父母的威严而阅读,但未必能读懂。这样只会打击孩子阅读的积极性,长此以往,孩子的课外阅读习惯自然就会减弱,甚至对阅读反感。

3. 培养孩子学习兴趣、端正学习态度

在培养孩子良好生活习惯的同时,家长要特别注意正确对待孩子的学习成绩,父母对孩子的学习状况要关心和赞扬,或根据孩子的具体情况提出稍高的,又是孩子经过努力能够达到的要求,这会极大地提高孩子的学习兴趣,增强孩子的求知欲望,端正孩子的学习态度。

(五)培养孩子良好的品德习惯

良好的品德习惯,是一个人一生当中最宝贵的财富。儿童的可塑性极强,童年期是培养

孩子道德品质的最佳时期,因而父母要重视童年期孩子品德习惯的培养。

通常在实际操作过程中,太多的家长往往只关注孩子学习成绩,而忽视孩子品德方面的培养,从而导致一些孩子道德意识不强,诚信品质缺失,具体表现为言行不一,在学校表现与在家中表现截然相反。当父母发现孩子有不良道德行为时,一定要给予充分的重视,并且采取有效的方法帮助其纠正。另外,父母还要以身作则,为孩子树立良好的学习榜样,让孩子在家庭中耳濡目染,品德修养自然会得到提高。

（六）建立孩子强烈的自信心、责任心

1.自信心的培养

自信心作为坚信自己的能力和行为的健康心理品质,是激发人的积极性和创造力的内在心理机制。缺乏自信往往使学生抗挫折能力降低,还会制约行为、束缚思维。为树立孩子强烈的自信心,家长可以为孩子提供展示能力和特长的平台,让孩子勇于表现自我;当孩子面对较高难度的任务时,要为孩子设置爬高的阶梯,创造成功的机会,让孩子体验到成功的喜悦;引导孩子学会客观、正确地评价自我;坚持鼓励为主,批评孩子时也要以客观事实为基础,合理归因;对抑郁质的孩子、成绩差的孩子应给予特别的关怀;根据性别角色不同,区别男孩和女孩的教育方式。

2.责任心的培养

责任心是孩子将来立足社会、家庭幸福和事业成功的必要条件。责任心包括对自己、对家庭、对集体和对社会的责任。许多小学生责任意识比较淡薄,缺乏对家庭、集体和社会的责任感,表现为学习不认真,作业不检查;在家庭中基本不做家务;对班集体的事物漠不关心。家长应当鼓励孩子自己的事情自己做,明确学习是孩子自己的事;委托孩子办一些事情,如分配给孩子一定的家务,让孩子意识到完成别人交给自己的任务是一种责任,是守信用的表现;作为家长,对孩子的许诺要尽可能地去实现,如果不能实现一定要向孩子说明原因。生活从点滴做起,在家庭教育中父母可以通过多种方式培养孩子的责任心。

第五节　青春期的家庭教育

青春期是儿童期与成年期之间的过渡期,青春期从十一二岁开始,一直持续到十七八岁。这个时期是个体人生当中的重要转折时期,在家庭教育中,父母要给予孩子一定的关心、关爱、指导,并帮助孩子走过这段人生不平凡的时期。这个时期的身心以及情感发展对今后的人生有着至关重要的影响。

一、青春期身心发展的主要特征[①]

青春期孩子的发展表现出明显的差异,即个体在各个领域内及领域之间发展速度和生长发育不平衡。因此这一时期可能会出现以下几种年龄:实际年龄、身体年龄、认知年龄、情感年龄和社会年龄等。

青春期不管是生理还是心理都发生了巨大的变化,具体如下。

(一) 生理发展

在不同社会背景和文化背景的家庭中,青春期的表现可能不一致。许多低收入家庭的孩子由于就业早、结婚早,他们的青春期时间比较短。相反,一些青年因为学业原因在经济上仍然受父母的资助,青春期可能会有所延长。青春期的标志首先是生物性的发展。

1. 身高体重

青春期开始的最显著标志是身高和体重的增加。同身体其他主要生理特征一样,女孩的生长突发期一般在 10～13 岁,男孩一般在 12～15 岁,女孩平均早两年左右。一般来说,女孩身高增长较快时在 12 岁左右,男孩则在 14 岁左右。女孩到 14 岁,男孩到 16 岁时,98% 已经达到成人身高。

2. 骨骼

在青春期的中前期,骨骼的增长最为明显,然后逐步减慢并最终完全停止。在青春期发育过程中,四肢远端比近端的发展早且快,脚和手先开始生长,然后是小腿和前臂,最后才是大腿、胳膊和躯干。在青春期初期,相当于小学高年级和初中低年级,四肢骨骼的生长速度大约是身体躯干的两倍,与儿童期相比,他们的四肢明显增长。

3. 男女两性的差别

在青春期发育过程中,男女两性的差别逐步表现出来。男孩的双肩和女孩的臀部都会明显增宽,由于脂肪的堆积,女孩的臀部和肩部明显变圆。男孩腿骨的增长一般比女孩明显,尤其是双腿的增长,所以成年后男性的身高比女性更高。

4. 女性的生理发育

女孩的生理发育开始的标志一般是"乳蕾"的出现,有些时候是阴毛的出现,体内的性器官几乎同时开始发育生长,包括子宫、阴道、卵巢、输卵管等。第一次来月经的时候一般是在 12～13 岁,正常的年龄范围在 10～16.5 岁。月经周期是一个开放系统,很容易受到心理、环

[①] 缪建东.家庭教育学[M].北京:高等教育出版社,2015.

境及其他生物系统,如气候、疾病、营养和情绪态度的影响。

5.男性的生理发育

男孩的生理发育期一般比女孩晚两年,但是整体也有逐步提前的趋势。男孩青春发育期的开始一般表现为喉结的出现以及睾丸和阴囊的发育。开始时间一般在 12 岁左右,14 岁开始加快,17 岁达到高峰。遗精大概在阴茎长大一年后出现,声音的改变是因为声带的变长造成的。

(二)认知发展

青春期的孩子在发展中不断表现出与成人越来越接近的心理和思维能力。这个时候,青少年的智力水平突飞猛进,记忆力明显增强,对事物之间的联想和联系能力明显提高。对复杂事物的处理能力和策略也明显改善,大部分的孩子在学习和生活中能够学会自我管理,并事先做好计划。

1.青春期的孩子思维进一步扩展

这意味着孩子具有突破心理运算界限的能力。通过更强的分类技能和概念形成的能力,他们能储存更多的信息,且恢复修正的速度也更快,致使思维能力越来越成熟。按照皮亚杰的观点,形式思维的一个基本标志是具备形式运算思维能力的孩子能有计划地做出系统的探索。

2.青春期的孩子概括能力进一步提高

这意味着孩子具有了解更多相关问题的能力。思维和形式运算能力越强,就越能超越具体的内容,把思想集中在解决问题的心理运算上。

3.青春期的孩子创造力增强

能把心理运算结合到更高级的联合结构中去,并且能把已经掌握的推理方法相互结合起来,组成更有意义的单位。进入形式运算的青少年摆脱了只能解决与现实和知觉世界相关联的问题的局限性,他们能够提出一连串的思想、观点和假设。

(三)情感发展

这一阶段的青少年心理产生明显的成人感,在独立意识增强的同时产生一定的闭锁心理倾向,并且有比较明显的批判思维。

1.青春期早期的孩子心理呈现各种矛盾

青春期早期的孩子开始告别童年,走进少年,即将踏入青年行列。因此,这个时期是一个过渡期,他们的心理呈现各种矛盾,幼稚与成熟的矛盾,活动能量大与认知水平低的矛盾。在这个阶段的孩子,正处于一个认知容易极端、感情容易冲动、行动容易鲁莽的"危险期"。

在这个阶段,少年还存在着自我中心主义。这是一种形式运算的自我中心主义,在这个阶段的主要任务是把自己的思想情感和他人的思想情感区别开来。在发展过程中他们往往认为,别人和他们一样关注自己的行动、困惑和情感,生活中有一种在舞台上表演的感觉,觉得所有人都在关注自己,并且认为别人都能看透他们的内心世界和弱点。这种自我中心主义在十五六岁的时候明显淡化。

2.青春期后期的青少年心扉日渐封闭

这个时期的青少年内心世界极为丰富,但不轻易表露出来,任何事不愿意与师长商量;对未来充满理想,处于理想逐步确立的阶段。但是,存在着理想与现实之间的矛盾、理想与行动之间的矛盾、个人理想与社会理想之间的矛盾等。在这一阶段的青少年,有着强烈的独立自主的愿望,自我意识明显加强,心理和行为上表现出强烈的自主性,希望从父母的束缚中解放出来。青春期后期的孩子处在形式思维的高级阶段,他们不但学会了掌握思想,而且学会了掌握情感,不再局限于青春期早期的单一狭隘的抽象方法,而是开始能够接受互相矛盾的情感,如在不同的场合感受到肯定和否定。

二、青春期的家庭教育内容

青春期是个人成长的重要时期,这一阶段青少年身体发育和心理成长都发生较大变化。在家庭教育中,家长不合理的教育方式容易使孩子产生叛逆心理。当叛逆心理出现时,孩子更为直接地表现出与日常生活有较大反差的行为,如故意损坏家庭、学校里的物品,故意和父母对着干,甚至有的孩子会离家出走,还有更为严重的会选择自杀。

父母不仅要关注孩子的成绩,还要对孩子的身体、品行、情绪、社会化发展等进行全方面了解,更重要的是要关注孩子心理成长。

青春期家庭教育主要有以下内容。[①]

(一) 尊重孩子

青春期成人感的出现,青少年发现了一个新世界——"自我"。"我是谁""我将来干什么"等一系列问题常常萦绕在青少年的脑海中。孩子在情感需要、能力发展、目标实现这几个方面往往很困惑。如果在家庭环境中遭受到负面的影响,将会给孩子带来创伤,势必会影响孩子的身心发展。这些负面的影响包括父母错误的人生观、价值观,消极的生活态度,强势对待孩子等。

这一时期的父母应该尊重孩子。在亲子沟通中得到父母支持的青少年能够很好地探索自己的兴趣爱好、情感发展与学业提高,与父母缺乏沟通或是不良沟通则会更加容易出现各种情绪和行为上的问题。如果父母对孩子管教过于严格、严厉,还会对孩子的心理成长带来巨大压力,容易使孩子产生叛逆心理。

---

① 黄河清.家庭教育学[M].上海:华东师范大学出版社,2014.

（二）开展孩子青春期性教育

青春期是儿童从童年向青年过渡的时期，是身体发育和心理发展的关键时期，也是矛盾冲突多发的危险时期。随着身体、生理的急剧变化，自我意识的发展，初中生的心理活动往往处于自我矛盾状态，心理上的成熟感与幼稚相矛盾，构成了初中生心理活动的各个方面。

性教育是培养青少年健全人格的一个重要组成部分，家长在这一时期对孩子进行基本的性教育将有不可替代的作用。家长要承担起对孩子青春期性教育的责任，必然要转变观念，提高认知，学习性生理、性心理、性道德、性法规等方面的知识，为家庭性教育积累现代科学知识，从而避免孩子今后对性知识的自我探索。

（三）对孩子进行正确的交友指导

随着新的社交意识的萌芽，青少年活动范围也随之扩大，已不再把自己局限在家庭或班级里，开始广泛地结交朋友，发展友谊。他们会选择兴趣、爱好相同的同龄人做朋友，把朋友当作最亲密的人，但是由于他们还不成熟，看待事物没有足够的经验，往往凭着自己的感觉行事。在选择朋友时，只关注表面，而忽视了品质、思想等重要特点。作为家长绝不能掉以轻心，为了避免孩子成长路上走弯路，家长要有意识地在孩子交友问题上给予指导。

另外，青春期的孩子在学校容易对异性产生好感。父母如果发现孩子有早恋现象，应采取正确的引导方法，不要简单粗暴地对待孩子。高中阶段的孩子有了朦胧的性意识，渴望接近异性、了解异性、欣赏异性、仰慕异性，并由此引发各种心理和行为困扰。家长对孩子与异性交往切记不要过于敏感，更不能以此为理由私拆孩子信件、偷听孩子电话、翻看孩子日记等。未成年人的隐私是受法律保护的，为了履行监护职责，家长可以采取适当的方式了解孩子的隐私，做孩子的好朋友，引导孩子主动将自己的困惑告知家长。家长应帮助孩子划清友谊与爱情的界限，使孩子认识到早恋对自我发展的不利影响，正确进行异性交往，教育孩子在异性交往中学会自律。家长要抓住日常生活中的相关事件，对孩子进行青春期性生理、性心理、性道德的相关教育。

（四）引导孩子健康使用网络

由于我国社会经济的快速发展，现已进入信息时代，孩子进入初中后，便接触到计算机相关课程。对于未成年孩子来说，网络世界是多姿多彩的，他们往往在网络中较易进入"网络禁区"，这些禁区有网络游戏、黄色网站等。在家庭中禁止未成年孩子上网显然已是父母过时的想法。怎么预防孩子在网络上接触到一些不良信息呢？家长可以和孩子商量每天上网的时间，什么情况下可以上网，什么情况下不能上网，上网时可以浏览哪些内容。另外，计算机应放在客厅或者家中显眼的位置，使父母可以随时监督孩子上网的时间和内容。还有一点需要注意的是，父母如果不让孩子沉迷于网络，首先要进行自我约束，不能自身沉迷于网络时还要求孩子好好学习，试想一下孩子的内心愿意顺从吗？

（五）指导孩子树立正确的学习观

中学阶段是青少年读书学习的黄金阶段,大脑和神经系统的发育为读书学习提供物质保障。随着自我意识和独立意识的形成与发展,读书学习成为他们不可推卸的社会责任。

在这一阶段,家长要充分关爱孩子,鼓励孩子进行自我教育、自我学习,并且始终在心理上支持孩子发展。孩子的课业繁重,不能掉以轻心。当成绩不理想时不要责备孩子,要停下手中的工作陪同孩子一起来分析分数低的原因,并且要充分肯定孩子的才干,鼓励孩子下次继续努力。孩子意识到父母对自己的尊重,在内心中容易再次产生自信,从而努力学习。另外,父母在必要的时候,要对孩子的学科学习进行指导,传授其高效的学习方法。

（六）再次进行思想品德教育

孩子从出生起,一直都在接受父母的思想品德教育。从个体发展角度来说,一个人的思想品德至关重要,在家庭教育中,不管孩子是处在哪个阶段,思想品德教育都不容忽视。

这一时期的思想品德教育将对孩子今后走上社会奠定良好的基础,为今后树立正确的人生观、价值观及世界观做好铺垫。在做法上,父母应采取言传身教法、说理教育法、故事教育法、环境熏陶法、表扬激励与批评惩罚并举法,或以上几种方法相结合,让孩子在美好的家庭环境中接受良好思想品德方面的熏陶,孩子的思想品德一定会有大幅提升。

思 考 题

1. 胎儿正常发育的条件是什么?
2. 联系实际,列举一些胎教的方法。
3. 婴儿期的家庭教育包含哪些内容?
4. 幼儿期的家庭教育包含哪些内容?
5. 简述童年期应怎样培养孩子的学习习惯。
6. 你是怎样理解青春期是一个"危险期"的。
7. 浅谈青春期学生怎样健康使用网络。

案 例 分 析

在家庭教育中,处在不同年龄阶段的孩子的教育内容是有区别的。如果家长错过了教育的最佳时期,以后需要花费双倍甚至数倍的努力进行弥补,即便如此,对于某些情况也极有可能于事无补。有这样一个案例:有一对年轻的夫妇,生了孩子后家里没老人带,也没请保姆,而送到舅舅家里去抚养。舅舅很爱小孩,很爱清洁,孤身一人,家里非常清静。他没有工作,身体健康,只不过是个哑巴,看来带孩子是很"理想"的了,父母非常放心。父母把孩子送走之后,节假日去看孩子,他天真活泼,只觉得说话较晚,1岁还不说话,1岁半也不说话,父母以为有的小孩说话晚点也是正常现象,没有引起警惕。可是到了2岁,孩子还不会说话,但是能用手势打哑语,父母这才恍然大悟,孩子在舅爷爷那里没有学会说话,却学得了一手哑语。于是立刻决定,把孩子接回家去,多对孩子说话,并送他上幼儿园进行"语言抢救",之后这孩子虽能说话了,但比同龄儿童的口语却落后了一截。(资料来源:田瑞华.家庭教育:孩子成功第一课堂[M].石家庄:河北科技出版社,2011.)

"如果家长错过了教育的最佳时期,以后需要花费双倍甚至数倍的努力进行弥补,即便如此,对于某些情况也极有可能于事无补。"结合上述案例,再联系实际,谈谈你对这句话的理解。

第七章

特殊人群的家庭教育

在家庭教育中,有的孩子刚出生就有别于正常儿童。因此,需要父母依据孩子的基本特征给予不同的教育方法。

在大多数家庭中,儿童的成长会遵循各年龄阶段身心发展的一般规律。但少数家庭中的孩子身心发展稍有差异,例如,智力超常儿童、智力落后儿童等。不管孩子处于是什么状态,只要对孩子的特点进行精准分析,总会找到适合孩子的家庭教育方法。

第一节　智力超常和智力落后儿童的家庭教育

孩子不管是智力超常还是智力落后,都要采取对应的教育方法。家长不能因为孩子智力超常就沾沾自喜,也不要因为孩子智力落后就沮丧气馁。因为没有一个良好的家庭教育环境,智力超常的孩子也极有可能会前途渺茫;相反若在孩子教育上采取科学的方式、方法,智力落后的孩子也可能会前途光明。

一、智力超常儿童的家庭教育

了解和遵循智力超常儿童的一些基本知识与教育方法,将会对智力超常儿童的教育上锦上添花。

(一) 智力超常儿童的基本特征

智力超常儿童也被称作天才儿童,无论在能力上还是学业上他们都比同龄人更优秀。他们的智商通常在 130 或 140 以上,美国心理学家推孟利用其编制的斯坦福—比纳智力测验挑选出了 1500 名智商在 140 以上的儿童,并对他们进行了长达 40 年的追踪研究,结果发现超常儿童通常有以下一些心理品质和行为特征。

1. 大脑机能上的特征

大多数智力超常儿童的大脑神经类型属于灵活性、稳定性较强型,这使他们能够迅速、准确并且高效率地接收大量的信息,从而导致他们思维敏捷、记忆力强、精力充沛。

2. 心理与身体特征

他们记忆力极强,识字比一般儿童要多,对各种事物的观察入微,努力探求各种问题的正确答案,并且想象力丰富,才智超群。他们有独立、独创、幽默、机敏、稳重、充满活力的人格特征。他们的身体比同龄儿童高而结实,较早学会讲话,同时较早进入青春期。

3. 人际交往方面

他们喜欢与年纪大的儿童一起玩,比同龄儿童具有更丰富的游戏方法和知识,还能经常充当团体的首领(但是智商特别高的,如在 160 以上,当首领的反而减少了,这可能是因为兴趣与众不同而不受拥护导致的)。

4. 家庭背景、性别和出生次序

经济地位、文化水平较高的家庭,出现智力超常儿童的概率较大;智力超常儿童中,男女性别比例大概在 120∶100;有 2/3 是老大或者独生子女。

5. 学业方面

智力超常儿童的学习成绩一般优于智力普通儿童,并且他们的兴趣更加广泛。

这些智力超常儿童长大以后通常有以下状况。

(1) 进入大学的比率远高于一般人,取得博士学位和硕士学位也数倍于普通人群。

(2) 学术成就方面也很出色,如在 1950 年还能保持联系的 800 人中,出版专著 67 人,学术论文 1400 篇,文艺作品 200 篇,获得发明专利 150 种以上,入选 1955 年《美国科学家名录》77 人,入选 1958 年《美国名人录》33 人。

(3) 婚姻家庭的生活适应能力较一般人好,离婚率较一般人低。

(4) 他们子女的智力一般也较高,平均智商在 130 左右。

(二) 智力超常儿童的家教方案

智力超常儿童既可以给家人带来喜悦,也可能对家长造成压力。孩子的优异天赋预示着良好的潜能,但也需要后天环境去培养,才可成才。在后天环境中,学校教育对智力超常儿童的发展有着巨大的影响,同时,家庭所提供的成长环境、父母的教育态度以及亲子关系等均与智力超常儿童的发展息息相关。如果由家长主导的家庭环境对智常超常儿童的影响不是正面的,即父母对智力超常儿童有不正确的认知,从而产生不当的教养态度,可能对智力超常儿童的发展产生负面影响。[①] 因此,面对智力超常儿童,家长要用与之对应的教育方法和态度。

通常情况下,父母可以向智力超常儿童采取以下家庭教育策略。[②]

---

① 江琴娣.特殊儿童家庭教育[M].上海:华东师范大学出版社,2015.

② 李天燕.家庭教育学[M].上海:复旦大学出版社,2007.

1. 创造良好的家庭生活环境

良好的家庭生活环境是孩子智力潜能得以充分发挥的基本条件。父母全身心地投入孩子的教育当中,既做孩子的师长,又做孩子的伙伴,亦师亦友,这种良好的家庭教育风气,不仅能够满足孩子身心发展的正常需要,引发孩子的学习动机,提高孩子的认知能力,并且能够培养积极情感和良好的意志品德。家长还应把家庭营造成为孩子成长的摇篮,使孩子不受压抑的同时懂得基本的行为规范,保证智力和个性都能得到健康发展。

2. 科学实施早教,充分发掘孩子的优势

良好的早期家庭教育是造就智力超常儿童的必要条件。父母要根据自己孩子的兴趣和优势,在家里对孩子进行心智开发,以早识字、早读、早算为主要训练内容,广泛接触琴、棋、书、画、语言、舞蹈等内容,充分挖掘孩子的优势,促进孩子身心健康发展。但让孩子较早接触文化及艺术,并不是强迫他在很早就对四书五经、琴棋书画样样精通,而是让他较早产生兴趣,从而促进智力发育,为将来的学习打下良好基础。

3. 运用正确的教育方法

智力超常儿童也是儿童,具有一般常态儿童的共同心理特点,他们喜欢游戏和活动,乐于同小伙伴交往,需要父母的关爱,需要快乐的童年生活。家长一定要明确智力超常儿童也是儿童,不是天生的"神童",他们超常的智力需要启发诱导和细心呵护,如果当成"神童"去炫耀或拔苗助长,那就大错特错了。因此,父母要保护孩子的兴趣和求知欲,采用多种教育方法启发和诱导,鼓励他们别出心裁,通过正确的家庭教育方式挖掘其智慧潜能,使其保持优势,得到全面发展。

4. 进行超常的智力训练

由于智力超常儿童一般智力发展都高于常态儿童的水平,因此,对其进行较为超前的智力训练是必要的,这是促使其智能发展更快且重要的工作。要注意早期智力启蒙,根据儿童心理学和生理学知识,运用关键期理论,为儿童制定阶段性学习和训练目标。在幼儿期要启发儿童以浓厚的兴趣和求知欲去探索事物;在孩子进入学校后,要积极配合学校教育,引导孩子对事物进行观察与思考,教会他们联想、因果推理和创造性思维,并学会独立解决问题。总之,针对智力超常儿童,要培养他们的分析、综合、抽象、概括能力,发展他们的创造性思维能力。

5. 培养非智力因素

近些年来,国内外科学家一致认同,非智力因素是促使一个人成功的重要因素。对于智力超常儿童来说,非智力因素的良好发展,更是他们智能优势发挥的催化剂和润滑剂。早期良好的非智力因素培养至关重要,父母要帮助儿童提高兴趣与爱好,保持良好且稳定的情绪,培养对挫折的忍耐力和意志力,增强生活中的独立性、坚韧性、自信心,这些都是促进个

体成功的有效因素。

二、智力落后儿童的家庭教育

按照国际标准，儿童智商在 70 以下，且社会适应性方面有障碍者，可以被认作智力落后儿童。

（一）智力落后的相关认知

在智力落后者中，大多数儿童处于轻度状态，这些儿童仍能学习文化知识，但需要区别于一般儿童的教学方法和教学进度。中度智力落后儿童只能接受简单的劳动技能训练，重度智力落后儿童则需要接受生活自理能力训练。

如果智商低于 70，一般还需要做一个适应性行为测验，因为智力测验更多涉及与学习有关的能力，日常生活中的智慧单单依靠智力测验无法测出，所以再用一个能够测量生活中智力的适应性行为测验来确认智商是很有必要的。

即使都是中等智力水平的个体，也不表示他们的智力完全相同，智商只是各种能力的总和。每个儿童的智力在不同领域会表现出差异，如在某些方面的能力要比其他方面更强。所以要全面地了解一个儿童的智力状况，不能只看单一的智商分数，而要关注各种能力的分数。

另外，智力发展还有时间上的差异。有的人发展比较早，也就是早期发展比较快，这类人有两种表现：一种人是后期发展仍比一般人好，许多天才儿童都呈现出这种特征，如中国历史上的李白、白居易，国外的歌德、莫扎特等；还有一种人是后期发展变得缓慢，这种人被称为早慧，如中国宋代的方仲永，六七岁时能写得一手好诗，但十二三岁时并没有较为突出的表现，到二十岁时连诗都无法写出。还有一些人早期发展比较慢，但后期发展却很快，这就是所谓的大器晚成，如中国的齐白石，国外的爱迪生、爱因斯坦等。

（二）智力落后儿童的家教方案

智力落后儿童的父母要承受更大的心理压力，由于这部分儿童自制力不足，家长需要实施比正常儿童更多的照顾与监督，以避免意外事件发生。从情感因素考虑，智力落后儿童也需要受到尊重、被接纳，以及从学习或成长中获得独立、实现自我价值。因此，在家庭教育中，家长应有以下教育方案。

1. 端正思想，树立智力落后儿童也能成才的观念

家长在发现孩子智力较同龄儿童稍落后的时候，不要泄气。家长要想顺利地培养孩子成才，首先要认同智力落后孩子也能成才的观点。假如因为你的孩子像爱迪生、爱因斯坦小时候那样被认为是"笨蛋"，而错过一个天才的教育机会，是不是会后悔终身呢？

即使孩子的智力稍微落后于同龄孩子，只要父母不放弃，有足够的信心和耐心，采取适

当的方法,今后孩子还是可以独立生活,甚至做出一番业绩的。

2.鼓励孩子发展自己的兴趣爱好

有的孩子虽然在智力上比同龄儿童稍差了一些,但也绝不是一无是处。如果家长拥有一双善于发现的眼睛,就能发现孩子身上的闪光点。父母一旦发现孩子的优秀之处,且多加鼓励,孩子的自信心便会逐渐建立。这不仅能够使孩子坚持自己的兴趣爱好,更重要的是,也为他们将来的学习生活建立了信心。

3.教会孩子热爱生活

针对智力落后儿童的身心发展特点,采用适合他们的教育方法非常重要。每个人都离不开家庭生活,家长可以借助身边事物帮助孩子建立认知。例如,可以教会孩子日常生活中一些简单易做的家务。当孩子会做一些基本事情时,一定要及时表扬。在闲暇时带着孩子去户外充分接触大自然,有助于帮孩子打开心门,产生对世界的热爱。这将会对建立亲子关系打下良好基础,同时非常利于今后更好的实施家庭教育。

4.培养孩子的非智力因素

有的人会问:"智力超常儿童要培养其非智力因素,那么智力落后的孩子也要培养非智力因素吗?"这个答案是肯定的。不管是智力超常儿童还是智力落后儿童,培养非智力因素都是极其重要的。

智力超常儿童要培养非智力因素的原因,本书已进行了详述。那么智力落后儿童为什么也要培养非智力因素呢?因为智力的培养,不可能在短时期内使孩子的智力得以提高。对于有些孩子来说可能培养数年之后,智商也不会发生太大变化,但是非智力因素的培养却会呈现出明显效果。

智力落后儿童也是儿童,他们也同样具有儿童身心发展的一般特征,他们也有情绪不稳定的时候,也有意志力不坚强的时候。家长不仅要培养其良好的思想品德,还要针对孩子的性格、情绪、意志力、自信心、做事情的态度来助力其他因素的成长。例如,孩子在做一件简单事情时半途而废,这时一定要鼓励并且帮助孩子继续完成。这些因素将会影响孩子一生,尤其对智力落后儿童来说更重要。因此,家长对培养智力落后儿童的非智力因素绝不可忽视。

三、影响儿童智力发展的主要因素[①]

导致智力差异的原因何在?据心理学家的研究结果发现,无非是遗传因素、环境因素或两种因素相互作用的结果。

---

① 刘金花.儿童发展心理学[M].上海:华东师范大学出版社,2013.

（一）遗传因素

心理学的研究早就发现智力与遗传有关。有学者提出,血缘关系的远近与其智力的相关水平具有某种一致性。也就是说,血缘关系越近的人,其智力的相似程度就越高;反之亦然。这在双生子的研究中得到了验证。在许多双生子研究中,研究者把同卵双生子和异卵双生子之间的智力相似性加以比较,发现前者的相关高于后者。因为同卵双生子在遗传上是完全一致的,而异卵双生子则并不完全一致。还有研究发现,双生子间智力的相关高于同胞兄弟姐妹,而后者又要高于堂、表兄弟姐妹。随着血缘关系越来越远,智力的相似程度也越来越低。另外,父母与孩子之间的智力也存在着一定的相关,大多数孩子的智力与他们的父母相似。

（二）环境因素

环境在智力发展中的作用至关重要。有很多研究发现,社会、家庭、文化、父母的教养、学校教育等环境因素会影响儿童的智力发展,并最终决定儿童的智力水准。比如,居住环境、家庭社会经济地位、父母的教养方式、家长的受教育程度、父母的婚姻状况等都可能影响孩子的智商。同样是双生子,如果生活的环境不同,其智力相似度也不相同。而完全没有血缘关系的两个人,如果处于相同环境中,智力上也会产生一定程度的相关。比如,一个家庭同时收养了两个无血缘关系的儿童,他们之间在智力上也有一定程度的相关。

环境对智力的影响是复杂的,在绝对优势的环境中成长起来的儿童也不等于能成功,而在贫穷和劣势环境中成长起来的儿童也不一定会失败。

（三）遗传和环境的相互作用

心理学和生物学研究认为,遗传和环境对儿童智力发展都会产生影响,但他们的影响作用不是简单的叠加,而是相互作用。即一个因素所起作用的性质、程度依赖于另一个因素的条件,而不是简单的相加。所以说,我们不能简单地推论,遗传和环境分别对智力发展产生多大的影响,或者说,在智力发展中,我们很难量化遗传的作用占多少,环境的作用占多少,因为遗传和环境的影响是互相掺杂在一起的。聪明的父母生出聪明的孩子,这看上去明显是遗传的作用,但父母在传给下一代基因的同时,也给他们提供了文化教育等环境因素。聪明的父母往往受过更高的教育,经济状况也相对优越,这些有利于智力发展所需的环境条件,同时也会影响到孩子的智力成长。同样,即使有相同的遗传物质也不能保证一定能在以后的发展中完全表现出来,它也会受制于环境,相同的环境也不是对所有人产生一样的影响。因此,简单地按某种比例来区分遗传和环境的作用是静态的、片面的、机械的,不足以揭示它们对智力发展的影响。

第二节　青少年犯罪家庭的教育

预防青少年犯罪问题已成为社会及广大家长普遍关注的问题,但不管政府各部门通过何种教育方式去预防犯罪,依旧会出现一定比率的青少年犯罪现象。

一、青少年犯罪的家庭因素

青少年出现犯罪现象,除了与自身不良的品质、行为习惯有关外,外在的环境包括社会、家庭因素也会对他们产生一些不良影响。当家庭对孩子产生不良影响时,可以从以下几个方面来进行分析。[①]

（一）家庭结构缺陷对孩子的影响

家庭结构缺陷往往会形成一个不良的家庭环境。孩子在这样的环境中成长,或受父母不良行为的影响,或自身由于心灵受到伤害而产生一些不良的思想意识,或没有父母的监管而受到同伴的负面影响。这些都是容易导致青少年犯罪的主要因素。

1. 不完整的家庭

不完整的家庭包括离异家庭、丧偶家庭等。在父母感情破裂至离婚的整个过程中,不仅使家庭自然结构遭到破坏,还会使父母的情绪和性格出现异常,如忧郁焦虑、孤独怪癖、自卑颓废等,从而导致无心照顾孩子成长。丧父或丧母的家庭中,由于父亲或母亲的精力不足,会在孩子的监护、管理方面出现顾此失彼的情况。在这种不完整的家庭中,容易出现孩子得不到爱护与照顾,经常受冷漠,甚至有的父母还会将自己不良情绪发泄到孩子身上。在这种环境中成长的孩子极易出现厌学、厌世的思想情绪,没有安全感与归属感。这样的儿童和青少年在社会生活中,受到消极情绪影响时,极易产生反社会行为,即犯罪的发生。

2. 品行不正常的家庭

品行不正常的家庭包括父母或家庭其他成员有犯罪前科、思想道德败坏、品行恶劣等情况。这些都会对孩子的身心成长带来恶劣影响,他们给了孩子不好的榜样教育和负面思想,是导致孩子犯罪的不良因素。

3. 关系不和睦的家庭

关系不和睦的家庭包括父母关系不和,父母和祖辈关系不和,父母和兄弟姐妹关系不和

---

① 李天燕.家庭教育学[M].上海:复旦大学出版社,2007.

等。家庭成员认知上的分歧、情感上的冲突、价值观念的矛盾会破坏家庭的亲情，使家庭成员关系复杂化。在这种关系紧张的家庭中，人与人之间的亲密与宽容丧失，会发生经常性争吵和冲突。孩子不但处于紧张的家庭氛围中，而且有时会成为矛盾冲突、情绪宣泄的对象，使他们遭受疏远、冷漠和怨恨，长此下去，会形成病态性格。当孩子的心灵受到严重创伤时，往往会产生攻击性、反抗性行为，并且在一定条件下极易转化为犯罪行为。

（二）错误的教育方式对孩子的影响

在不良的家庭教育方式中，父母对孩子采用过于苛刻或过于宽松的教育标准，达不到规范孩子行为习惯的目的，从而使孩子养成一些不良的行为习惯，形成不健康的心理。当他们身处以上的教育环境中时，极易出现犯罪行为。

1. 溺爱的教育方式

在溺爱环境中成长起来的孩子容易形成任性、自私、骄傲、懒惰等心理特征。在处理问题时一旦遇到挫折，不能采取理性科学的解决方法，行动上极易与他人发生冲突，从而走上犯罪道路。

2. 粗暴的教育方式

在粗暴的教育方式下成长的孩子，由于常常受到打骂，自己没有自立能力，只能勉强生活在父母的权威之下。表面看似父母很会管理孩子，但是在孩子的内心深处正在形成仇恨、反叛的情绪。长期在这种"暴风雨"环境下成长的孩子，在今后的生活中极易将自己遭受的"非人"待遇转向社会，这也是导致青少年犯罪的一个重要原因。

二、预防青少年犯罪的基本措施

犯罪是一个社会发展不可避免的社会现象，青少年犯罪也不例外。分析所有青少年犯罪现象，究其原因，普遍和家庭教育有着密切联系。

从青少年家庭教育的角度出发，预防青少年犯罪有以下几种做法。

（一）父母要给孩子树立一个好的榜样

父母是孩子的第一任教师。孩子在小时候具有极强的模仿能力，往往父母的一个简单动作或话语，孩子都能模仿得惟妙惟肖。作为家长，要做孩子成长的导师，时刻用自己的言行来正面影响孩子，这也是培养孩子良好行为习惯的有效方法。

（二）加强对孩子的道德教育

当孩子的认知能力逐步提高时，可以通过一定的案例来讲述什么是不道德行为，什么是道德行为，并且充分认可孩子的良好品行，逐步建立孩子良好的道德认知。这些都是预防青少年犯罪、促进成长的有效方法。

（三）对孩子进行适度关爱

作为父母,对孩子的爱应该是无私的,但是过度关爱就变成溺爱,极少关爱就变成放任。溺爱下成长的孩子容易形成自私、懒惰的心理特征,遇到挫折就退缩,并且产生依赖心理。放任会导致孩子缺少规矩、自由散漫的心理特征。这两种教育方式都将违背孩子的身心发展规律,而最好的教养方式是采取权威型教养方式。

（四）夫妻之间相敬如宾

夫妻之间和谐相处将会正面影响孩子的健康成长。在现实生活中,夫妻之间也难免会因一些家庭琐事产生意见与冲突,但尽量不要当着孩子面争得面红耳赤,这样既影响夫妻之间的情感发展,也会破坏孩子的情感发展。

在民主、互爱的环境中成长起来的孩子,就会把自己的爱分享给他人,这就是所谓爱的传递。如果孩子在天天争吵的环境中接受着不良熏陶,不仅内心缺少安全感,性格也会变得孤僻,并且极易产生不良心理。

思 考 题

1. 智力超常儿童一般具有哪些特质?
2. 智力超常儿童的家教方案有哪些?
3. 请你谈谈对注重智力超常儿童的非智力因素培养的看法。
4. 智力落后儿童的家教方案有哪些?
5. 影响儿童智力发展的主要因素有哪些?
6. 联系实际,谈谈怎样预防青少年犯罪。

案 例 分 析

阿尔伯特·爱因斯坦刚生下来时,脑袋特别大,与他身体的比例很不协调,尤其是后脑勺,不但大,而且有棱有角。要是一般的父母,一定会担心孩子会不会是畸形儿,然而爱因斯坦的父亲赫尔曼却说:"那可能是因为他那颗脑袋里装的智慧太多了!"这一句话,饱含了他对孩子的期望。

转眼间,爱因斯坦2岁了,但却不能像大多数孩子那样开始牙牙学语,而是孤僻得让人生疑。人们联想起他那不正常的头形,简直不敢想下去:"这孩子会不会是个哑巴或者痴呆?"

爱因斯坦的母亲对丈夫说:"亲爱的,你不是说咱们儿子大脑袋里装满了智慧吗? 可是他都这么大了还不会说话,脑袋里究竟装了些什么呢?"

但是,父亲对自己这个大脑袋儿子仍然抱有信心,他说:"你别看他说话晚,等到他会说话的时候,一定说起来就没完!"

可是,事情并没有像父亲所想的那样发展。

小爱因斯坦快到 4 岁的时候终于开口说话了,这让妈妈一颗悬着的心终于放了下来,不过他也并未像父亲预料的那样"说起来就没完"。相反,他却是整天沉默寡言。

这个沉默恬静的小孩有意识地回避与他年龄相仿的伙伴们,从来不跟别的孩子玩,经常一个人躲在安静的地方沉思。在学校的时候,他总是心不在焉,希望快点下课,好早点儿回到自己那个广阔的世界中去。爱因斯坦的这种表现,当然不会得到教师的喜欢。在大多数教师的眼里,爱因斯坦并不是一个好学生,因为他既不守纪律,又整天心事重重,谁也搞不清楚他到底在想什么。

爱因斯坦的父亲赫尔曼为了儿子上学的事跑到学校,负责接待赫尔曼的是学校的训导部主任。看着主任那张挂霜的脸,赫尔曼小心翼翼地问:"按我儿子的性格特点,他将来应该从事什么样的职业?"

没想到训导部主任竟毫不客气地说:"不用问了,你的儿子无论做什么,都会一事无成。"说完,他轻蔑地望了赫尔曼一眼,便低头开始忙碌手中的事情。赫尔曼手足无措地站在那里,心里非常难受,他不知该说些什么,也不知该做些什么。

过了一会儿,那位主任又抬起头来,把爱因斯坦在学校的一切"不好"表现一一向赫尔曼介绍,说所有的教师都嫌爱因斯坦性格孤僻,大脑迟钝,并指责他不守纪律、心不在焉、想入非非。

"偏见,这一切都是偏见造成的。我的儿子,阿尔伯特·爱因斯坦是个好孩子!"赫尔曼在心里狠狠地说。

赫尔曼从来没有放弃对儿子成才的信念,并且在家中循循善诱地教授儿子知识,还时常鼓励爱因斯坦:"你不同于一般的孩子,因为你具有成功的潜质。"

后来,上中学的爱因斯坦因为沉醉于自学,被学校勒令退学。赫尔曼依然坚持认为:"我的儿子,阿尔伯特·爱因斯坦是个好孩子!"

事实正如赫尔曼所愿,数年后,曾被断言将一事无成的爱因斯坦在科学方面取得了举世瞩目的成就,被公认为是继伽利略、牛顿以来最伟大的物理学家。

读完爱因斯坦的故事,浅谈家长的教育观念对培养孩子有哪些影响。

第八章

特殊家庭的儿童教育

改革开放带来了经济、社会文化的发展，人们的思想发生了转变，这些因素足以影响中国万千家庭生活模式发生改变。这些改变不仅反映在家庭教育方式上，还体现在家庭结构上。

与核心家庭相比，特殊家庭的类型呈现多样化。社会必须对特殊类型的家庭给予特殊的关注，特别是在教育方法的选择上，应根据不同家庭的特点，采取不同的教育措施，探索与之对应的教育方法。

第一节 单亲家庭的儿童教育

《中国大百科全书》中认为，单亲家庭是核心家庭中配偶一方因离异、死亡、出走、分居等原因，造成家庭成员不全的家庭。不管是哪种方式造成的单亲家庭，对儿童成长过程中的情感和社会性发展都有一定的不良影响。

一、单亲家庭的类型

根据当今社会种种因素导致的单亲家庭现状，大概有以下四种单亲家庭类型。

（一）离异造成的单亲家庭

在所有的单亲家庭中，离异造成的单亲家庭数量最多。从 1979 年到 2006 年，全国离婚率已从 4.7％上升到 20％；而上海同期则从 5％上升到 29％；北京、天津、广州等较大城市也有大幅增加。据另一项国家民政部最新统计，2002 年我国离婚夫妻达到 117.7 万对，2003 年达 133.1 万对，比上年增加了 15.4 万对，增长率为 13.2％。2004 年我国离婚夫妻对数已达到 161.3 万对，而十几年后的 2018 年离婚夫妻对数已高达 446.1 万对，在短短十几年间，增长了 284.8 万对，增长率为 176.6％。

从目前国家民政部门统计的数据来看，离婚人数还在逐渐上升，且离异因素是当今中国单亲家庭的最主要因素。

（二）丧偶造成的单亲家庭

夫妻双方中一方因为疾病、意外或其他不可抗拒因素导致死亡而形成的单亲家庭称为丧偶式单亲家庭。

同样属于单亲家庭，但是丧偶导致的单亲家庭不同于离异导致的单亲家庭。通常情况下，离异导致的单亲家庭经过了大量的思想碰撞，他们离异后，主观认为无过错的一方会记恨对方。而丧偶造成的单亲家庭，是因一方疾病、意外导致的。亲人的离去并不违背人的主观意愿，甚至会对离去的爱人处于长期的思念当中。

（三）未婚先育造成的单亲家庭

未婚男女青年在没有履行婚姻登记手续的情况下同居而造成孩子出生的结果。而孩子出生之后，他们又由于各种原因不能生活在一起，从而选择离开，这就造成了未婚先育式单亲家庭。

根据我国的现状，单亲母亲的数量远远多于单亲父亲的数量。通常情况下，未婚先育造成的单亲家庭，一般都是由母亲独立抚养孩子。因此，在这里也要呼吁广大男女青年，不要在没有充分了解对方的情况下，擅自同居且未婚先育，这样会给下一代造成极大的心理伤害。

（四）分居造成的单亲家庭

分居造成的单亲家庭是指父母双方在法律上仍然有夫妻名分，在法律的权利与义务上以及对孩子的抚养上都承担一定的责任，只是由于某些原因不能生活在一起的状态。

就目前国家现状来看，分居式单亲家庭有两种情况：一种情况是夫妻感情不和，其中一方选择离家独立生活；另一种情况是由于夫妻其中一方在国外、外地务工，导致夫妻双方较长时间不能相见。需要说明的是，第二种情况虽然夫妻名分还在，但也可以被理解为单亲家庭。

二、单亲家庭对孩子的影响[①]

面对破碎的家庭，感到无助的是孩子。父母的离异、父母其中一方的离去、父母分居都对孩子的心理、学习成绩、行为表现、身体发育、人际关系交往产生了非常大的负面影响。

处于单亲家庭中的孩子内心会有强烈的被拒绝感，这是单亲环境中成长起来的青少年深刻的体会，不管是哪种情况的单亲家庭，他们的孩子都会有被拒绝感。在情绪混乱时，孩子很容易感到愤怒，他们往往会表现出极度失望、哭泣、心情烦躁、成绩下降、对朋友具有攻击性。这些孩子通常都不会对离开的一方表达自己的愤怒，反而会向抚养自己的一方表达自己的愤怒、随意发脾气。此外，他们会缺乏安全感而且心理上有不同程度的自卑。他们可能会觉得自己跟其他拥有完整家庭的孩子有很大的不同，他们会觉得自己与父母有距离感，

---

① 何俊华，马东平.家庭教育学[M].北京：清华大学出版社，2017.

觉得自己被身边的朋友疏离,甚至感到自己没有朋友,十分无助。

可见,单亲家庭给孩子会造成诸多负面的影响,具体有以下几种。

(一)情绪情感方面

由于单亲家庭特别是离异家庭子女对父母离婚的不理解和怨恨,使他们的情绪很不稳定,主要表现为容易发脾气,对抚养自己的一方随意发火。

(二)适应性方面

单亲家庭的孩子随父亲或母亲一方生活,他们很难适应家庭的突变,心理往往处在一种严重的失衡状态中,表现出一定程度的愤怒和绝望。孩子对家庭的心理适应期会长达3~5年。

(三)性格方面

单亲家庭的孩子容易产生一些性格方面的特征,比较典型的有自卑、孤僻、怯懦和粗暴。

(四)智力和学习方面

离异家庭孩子的学习成绩通常不如完整家庭孩子,除了家庭破损影响其学习动机、学习态度外,也与智力水平存在低密度相关。导致单亲家庭子女成绩不良的主要原因是学习态度不端正、精神涣散、学习潜力无法得到正常的发挥。

(五)在身体健康方面

由于单亲家庭收入相对较少,营养方面不一定得到保障,因此孩子的健康也必然受到一定程度的影响,甚至会影响到他们的生长发育。

(六)在人际关系交往方面

单亲家庭的孩子对待交往动机更加敏感,他们在做出判断时受到自我中心的情绪影响很大。他们会高度评价和赞赏对他们友好、同情并肯定他们的人。在他们的眼里,获得同学、朋友、教师的赞赏在一定程度上表明他们无异于身边的人,他们同样也可以获得旁人的肯定。相反,他们会十分讨厌那些责骂他们的人,因为这不仅伤害了他们的自尊心,还意味着他们被抛弃、歧视,不被旁人接受。他们通常表现为孤僻不合群,在与同伴相处和协作过程中都比不上完整家庭的孩子。

三、单亲家庭的教育策略[①]

单亲家庭基本是由原本的核心家庭,发生了局部变化,从而导致家庭结构的改变,在未

---

① 李燕,吴维屏.家庭教育学[M].杭州:浙江教育出版社,2009.

来家庭教育中对孩子的影响是不可避免的。单亲家庭环境中成长起来的孩子身心特点明显不同于完整家庭成长起来的孩子,因此针对单亲家庭的特殊性,要采取一些对应的教育策略。

(一)单身父母要调整好情绪

单身父母不要让自己的不良情绪影响孩子,单身父母要努力调适自己的心理,要敢于把自己的苦恼和困惑向朋友或心理专家倾诉,不要让苦恼越积越深。要尽快抚平离异给自己和孩子带来的创伤,走出离异的阴影,尽量避免在孩子面前宣泄自己的消极情绪。有的父母离异后情绪失控,把不良情绪发泄到孩子身上,对孩子造成很深的心理伤害。单身父母应时刻记住,面对离异后果的,不只是自己,还有孩子,他们的情感更稚嫩、更脆弱。

(二)引导孩子正确面对家庭环境的变化

帮助孩子走出自卑的心理,树立自信。孩子是敏感的,会感受到家庭的细微变化。孩子的心理也是脆弱的,当父母离异以后,他们会羡慕完整家庭中的孩子,怕别人嘲笑、看不起自己,由此产生深深的自卑感。作为父母,需要心平气和地用孩子可以理解的方式说明父母离婚的事实和原因,同时告诉他父母还是像以前一样爱他。不要企图隐瞒,那样只会增加孩子的不安,失去对成人的信任。作为家庭的一员,孩子有权知道与自己有关的事实,这也有助于他们勇敢地面对现实。

(三)尊重孩子

单身父母要尊重孩子的感情,保持孩子与非监护方的亲情关系。夫妻离异后,养育孩子仍是双方共同的责任,只有平静协商孩子的教育,才能让孩子有安静的学习环境和良好的生活心态。孩子与父母及祖辈在家庭生活中形成的亲情是纯真的、深厚的。离异后,孩子的监护方应尊重孩子的感情,允许另一方探视,使孩子享受亲情,还应热情地支持孩子与非监护方的祖父母及其他亲戚的联系。这样既能给孩子带来快乐,加深孩子对父母双方的感情,又不会使孩子因家庭破碎而缺失关爱。

(四)与孩子共同承担起家庭的责任

单身父母不能以负疚之心去迁就孩子、过度补偿孩子、溺爱孩子,要像正常家庭那样对待孩子。一般的单身父母在心理上总有亏欠孩子的感觉,认为夫妻离异对孩子带来了很大的伤害。因此,作为孩子的监护方就特别溺爱、迁就孩子,对孩子的要求总是尽量去满足。这样做的结果是孩子逐渐变得蛮不讲理,甚至发展到为所欲为的地步。另外,单身父母为了孩子不顾一切地牺牲自己,也可能使孩子承受巨大的心理压力,使家庭的教育环境变得更加沉重、抑郁和困难,导致教育最后的徒劳无功,或适得其反。单身父母应该鼓励孩子和监护方从逆境中走出来,建立自强不息的品质。

对于那些丧偶造成的单亲家庭,则更要教育孩子与家长共同承担起家庭的责任。家庭中有什么困难尽量和孩子商量解决,这不仅能培养孩子的责任心,还能培养孩子与家长共同承担家庭的责任。日常生活中,家长要鼓励孩子成长、努力学习、发展良好的思想品德。往往经历了家庭变故的孩子能更坚强、更自立、更早地承担责任,从而走向人生成功。

(五)创造更多机会与孩子沟通

单亲家庭的形成已经对孩子的身心发展造成了很大的影响,如果单身父母再对孩子的成长情况不闻不问,孩子便会逐渐疏远自己的父母。单亲家庭的监护人要更多地与孩子沟通,了解孩子的心理需求,打开孩子自我封闭的状态。要鼓励孩子多接触同龄伙伴,帮助孩子处理好同学关系,因为孩子的心理压力很大程度上来自同学。要鼓励孩子多结交几个要好的朋友,经常一起学习,一起参加户外活动。这样既可以丰富孩子的课外生活,又可以锻炼孩子的社会交往能力。

(六)不要向孩子灌输负面思想

离异的父母不要向孩子控诉对方的无情和不负责任,不要试图将自己的创伤作为孩子今后成长的借鉴。孩子需要从客观的角度去看待世界,他们有自己探索和憧憬未来的权利。"妈妈不要我们了""男人都是坏东西"之类的语言会使孩子失去对他人的信任和对未来的信心。

(七)性别角色教育

由于缺乏父母一方的性别角色,单身父母如何对孩子进行性别角色教育是一个突出的问题,尤其是单身母亲对男孩的性别角色教育。

要为孩子创设适当的交往环境,假设家庭中缺少父亲,儿子与母亲相处的时间自然就会更多。母亲应该多安排爷爷、舅舅以及男同事等多与孩子交往,补偿孩子因父亲角色缺失而造成的同性交往上的空白。另外,在这样的交往过程中,他们也会不自觉地模仿其他男性的行为,这些从母亲那里是学不到的。

同样的道理,如果单身爸爸带着女儿,则要尽量多安排姑姑、奶奶、阿姨与女儿相处的机会。还有一点值得注意的是,单身父母带着孩子,既要安排与孩子性别相反的家人和同事多与孩子相处,也要安排属于自己的时间,这样是可以防止孩子产生"恋母情结"或"恋父情结"。

第二节　重组家庭的儿童教育

重组家庭是指那些离异者、丧偶者在法律许可的情况下重新寻找伴侣,又重新组织形成的家庭。从心理角度出发,人不管在青年期还是中年期都希望有一个完整的家庭,即使到了老年期也要有老来伴,这样既有益于身心健康,也符合人性的特征。随着我国近年来离婚人数的逐年攀升,重组家庭的数量也呈增长趋势。由于重组家庭的增多,我国相关学者开始对继父母的角色重视起来。

一、重组家庭对孩子的影响

重组家庭对孩子来说将会出现继母或继父的角色,如果双方都带有儿女,则家庭的关系会更加复杂。在这样的家庭中,复杂的是亲子之间将会出现非血缘关系,更为复杂的是当家庭中同时出现有血缘关系和没有血缘关系的亲子关系时,家庭结构将会面临巨大改变,家庭成员的心理也会出现各种微妙的变化。这些或大或小的变化都会给孩子带来一定的影响,具体的影响包括以下几个方面。[①]

(一)家庭关系出现问题

例如,各种冲突、孩子将非同住的父亲或母亲理想化、子女改姓氏的尴尬、祖父母不适当的介入、继父母不接受继子女、继兄弟姐妹不和等。

(二)转变和适应有困难

例如,家长以为亲密关系可以随时建立、父亲或母亲再婚之前不告知孩子、生活习惯与假期安排不同以往,因为继兄弟姐妹而改变了原家庭兄弟姐妹在家中的位置。

(三)缺乏社会认可制度的支持

例如,角色混淆、亲子关系无先例可循、不知如何表达爱意等。

(四)情绪反应未能疏解

例如,内疚、愤怒、失落等情绪,孩子希望分开的父母能够重新复合、怕家庭再破裂等。

(五)对再婚家庭的期望须调整

例如,期望过高、希望继父母拯救自己、认为再婚家庭与核心家庭一样,今后会生活得很幸福。

(六)孩子极易产生不良心理情绪

重组家庭中,孩子对继父或继母有一种本能的反感。他们对于同自己毫无关系的继父或继母总感觉格格不入,这就产生了抗拒心理。在孩子的心目中,家庭的破裂使他们感受到

---

① 李燕,吴维屏.家庭教育学[M].杭州:浙江教育出版社,2009.

的爱减少了一半,是一种极为严重的伤害。

父母离异后,有些孩子甚至想促成父母破镜重圆。而父亲或母亲一旦再婚,意味着这个期望完全破灭,所以孩子会把继父或继母当作破坏他们家庭幸福的"罪人",这就产生了仇恨心理。

重组家庭打乱了孩子原有的家庭生活,继父或继母的介入,使孩子对继父或继母产生嫉妒心。如果家庭中还有继兄弟姐妹,那么孩子间的相互嫉妒会发展得更为复杂、冲突会变得更为严重,这就产生了严重的嫉妒心理。

二、重组家庭的教育策略

重组家庭的子女教育问题,首先要求父母要站在孩子的角度,体察家庭关系的变化给孩子生活带来的负面影响。从某种角度来讲,重组家庭的子女教育要比核心家庭的子女教育难许多,但是既然选择重新组建新的家庭,就要接受新的挑战,用心方能有效。这里也要求重组家庭的夫妻要勇于挑起家庭教育的责任,让本身就欠缺幸福的孩子接受更加理性的爱以及最恰当的教育方式、方法。

(一)经营好婚姻关系

重组家庭中,继子女希望看到父母之间能恩爱相处,家庭关系和谐。如果在孩子眼中,父母间不能相互恩爱,生活中为了一点琐事而相互抱怨、争吵,孩子也会对现在的家庭状态感到失望。所以,重组家庭的夫妻一定要保持良好的夫妻关系,这不仅能增强家庭的凝聚团结,还有可能复原孩子由核心家庭转化为重组家庭而带来的内心伤害。

这就要求夫妻之间不仅要做到相互认可、相互尊重、相互谅解,还要在遇到困难时敢于共同面对。

(二)与孩子建立起心灵桥梁

对于重组家庭而言,首先,继父母必须把孩子视为朋友,不带偏见看待孩子的行为。站在一个朋友的角度,单纯地了解孩子的内心感受,客观地分析孩子某种行为背后的心理原因,从而找到改变他外在行为的办法。其次,继父母应以轻松的心情与孩子进行交流,消除孩子的恐惧、烦恼和孤独,帮助其产生学习、成长的勇气和热情。最后,理解过程中既没有表扬也没有批评,理解是两人之间心灵的沟通。[①] 当孩子做了一些不理智或者不应该做的事情时,父母首先要弄清楚孩子做此类事情的原因,只有这样才能与孩子友好相处,才能走进孩子的内心世界。

---

① 黄河清.家庭教育学[M].上海:华东师范大学出版社,2014.

（三）一视同仁

重组家庭的家庭教育不同于核心家庭的教育,它们有着本质区别。离婚后的父母无论彼此有没有重新组建新的家庭都会对孩子有一定的负面影响。如果他们选择了再婚重组家庭,继父母要对家中的所有孩子一视同仁,尽管绝对的公平很难做到,但是不偏爱、平等的家庭氛围确实是重组家庭顺利过渡和发展过程中应该引起足够的重视。

（四）理性施爱

重组家庭中的继父母应该对孩子抱有饱满的爱和热情,这有助于良好的继子女关系的建立。如果家中有两个继子女,并且这两个孩子曾经分属于不同的家庭,在新的家庭中,父母应该时刻注意孩子对不同家庭文化的适应情况,增进其适应力,并在必要时进行一定的心理援助。

（五）严格要求

继父母对继子女的爱要注意控制在一定尺度内,不能用溺爱来换取继子女的爱和依恋,要大胆地对继子女进行必要的教育,使继子女能从内心深处尊重并且爱上继父母。[1] 继父母在严格要求孩子的同时一定也要严格要求自己,使自己也和继子女共同成长,给继子女树立一个良好的榜样。

第三节　隔代家庭的儿童教育

隔代家庭的儿童教育一般是指由于父母一方或双方外出务工无法亲自照顾孩子,把孩子交由孩子祖辈抚养的养育方式。上海市妇联的调查显示,上海目前0～6岁的孩子,10个中有五六个主要由祖辈抚养。这种情况在农村尤甚,外出打工者多的村庄,这一比例更高。隔代教养已成为我国目前不可忽视的一种社会现象,对为数众多的儿童的成长、发育乃至以后的人生发展都将产生重要的影响。

隔代教养是相对于亲子教养而言的,主要是由祖辈担负起对孩子抚养的责任。隔代教育家庭大致可以分为两种类型,一种是父母亲很少或根本没有履行职责,完全由祖父母担负孙子女照顾及教养责任;另一种像三代同堂,或晚间父母、周末父母、假期父母等情形,父母亲多数仍履行若干职责。目前,在我国农村家庭中前者存在较为普遍,而在城市家庭中后者情况居多。[2]

---

① 缪建东.家庭教育学[M].北京:高等教育出版社,2015.
② 李妍.隔代教养问题的社会工作视角分析[J].井冈山学院学报,2008(7).

一、隔代家庭存在的主要问题

隔代家庭的儿童教育对儿童的身心成长方面的影响将会是多方面的,具体有以下几点。[①]

(一)家长教育观念不适当

隔代家庭中的孩子,父母通常外出打工,自己的生活、生存经历使他们很重视孩子的学习,他们对孩子的学习有较高的期望,但时空上的距离使他们无法通过亲子关系、家庭互动以及所营造的家庭氛围影响孩子,也无法通过教养方式、教育期望影响孩子的学习,更不能及时有效地督促孩子的学习,而只是简单地把孩子的成绩与自己的付出直接地联系起来,无形中加大了孩子在学习和心理上的负担,孩子一旦学习成绩不理想就会感到焦虑和压力。还有部分父母,存在亏欠心理而过度给予物质弥补,片面地认为只要满足孩子对金钱和物质的需求,孩子就会好好学习。殊不知,这样的教养方式往往会适得其反,使孩子重视对物质的需求,放松对学习的要求,对学习产生淡漠、无所谓的态度。可见家长不适当的教育观念对孩子身心发展的影响是多方面的。

(二)家长对孩子缺少情感关爱

隔代家庭孩子跟着祖辈生活,父母角色的短期或长期缺失会使孩子缺少来自父母的亲情温暖,与父母的感情淡漠,经常有孤独感,内心没有归属感。父母的远离,使得孩子对于那些在核心家庭成长的同伴有羡慕和嫉妒,长期下去,会影响亲子关系的良性发展。

(三)家长对孩子的教育没有质量

祖辈对孩子的教养方式往往是溺爱的,极力去满足孩子的心理需求,祖辈的教养方式明显是违背孩子身心发展规律的。隔代家庭由于父母不在孩子身边,但又想给予孩子良好的教育,他们只能经常通过电话、视频的方式和孩子"远距离"沟通。这样短期交流,对孩子的身心发展影响很小,但长此以往,孩子很难体会到父母的温暖,感受不到父母的关怀。虽然父母的目的是想实施对孩子的良好教育,但是这样的"远程教育"明显是一种质量欠缺的教育方式。对于未成年儿童来说,有一种最好的教养方式就是陪伴,没有父母的亲自陪伴,金钱物质再丰富也无济于事。

二、隔代家庭的教育策略[②]

要解决"留守儿童"亲情缺失这一问题,最根本的方法是使"留守儿童"不再留守,即让

---

① 何俊华,马东平.家庭教育学[M].北京:清华大学出版社,2017.

② 缪建东.家庭教育学[M].北京:高等教育出版社,2015.

"留守儿童"随父母进入城市,获得和城市中的孩子同等的权利,或让其父母重返家中,履行父母职责。但有些家庭由于种种原因,这两种情况都不能实现。即使这样,父母还是应尽量尽到父母的职责,尽可能在孩子成长期给予一定的关怀。

(一)父母要提高认知,多样化地与孩子沟通

作为父母,一定要有对孩子的教育意识。在很多常年外出务工不回家的父母心中,教育孩子不是自己的责任,而是学校的责任,家长只负责供给孩子吃穿,给零花钱就可以了。显然父母这样的思想是极其扭曲的。

没有意识就不会有行动,学校和社会需要强化父母的角色责任意识,让父母逐渐明白自己对孩子的教育责任。这样,即使父母不在孩子身边也能通过规律的交流帮助孩子,如可以通过现代化的通信工具交流。在现代通信极其发达的今天,空间距离变得不再遥远,而心理距离开始逐渐遥远,父母虽身在异乡,如果能够有教育孩子的意识,就会创造各种方法与孩子保持亲情的沟通与交流,帮助孩子成长。虽然如此,父母还要抽空多回家和孩子进行零距离接触,以便更好地培养亲子关系。

(二)关心"留守儿童"的监护人,提高他们的监护能力

父母外出,把孩子留给祖辈抚养。对此,不少学校和社区都认为祖辈年事已高,文化知识缺乏,不懂得教育,因此无法合作,也没有办法提高他们配合学校教育的能力,所以常常放弃这个群体,对他们不加引导。其实,家庭教育和学校教育的区别在于,家庭教育是生活的教育,对家庭教育的指导就是对家庭生活的指导,所以不管是孩子的父母、学校,还是其他相关单位,都要针对隔代教育的监护人及时、高效地给予家庭教育方式、方法上的技术支持。

(三)与孩子的班主任保持联系

虽然父母不能在孩子身边陪伴其成长,但是孩子一旦有不良情况,通常会在学校里以各种方式表现出来,班主任是班级所有学生思想、学习、健康生活的组织者和领导者。通常情况下,一个拥有敏锐观察力的班主任能细致入微地掌握每一个学生的基本情况。因此,外出务工的家长务必要与孩子班主任经常沟通,以了解孩子的学校生活。

(四)鼓励孩子自我发展

虽然说孩子在学龄阶段,成绩很重要,但是并非绝对重要。虽然说一个学生拥有较好的成绩能考入理想大学,但考入理想大学就一定有更好的出路吗?考入理想大学固然是好事,同时还需要孩子具有良好的社会适应能力、创新能力,还要具有一定的兴趣爱好、对待工作良好的态度、知识的广度、较高的情商等。而这些综合能力是从小培养的。父母虽然由于各种原因不能在家庭中陪伴孩子,但也要发展孩子的兴趣爱好,在生活中做一些力所能及的事情,发现孩子的优点后要及时表扬,从而激发孩子的创新意识。日常生活中,父母也要鼓励

孩子帮助爷爷奶奶分担家务,照顾爷爷奶奶,这样还能培养孩子的担当意识。

第四节 领养家庭的儿童教育

领养家庭是一种特殊的家庭,又被称为收养家庭。在20世纪末,由于我国法律制度和管理还不完善,领养子女的情况通常在私下进行。一般领养人会有两种情况:一种情况是自己无子嗣,为了今后的养老,领养一个孩子;另一种情况是由于自己只有一个孩子或多个孩子都是同一种性别,从而想领养一个与自己孩子性别不同的孩子,与自己的孩子结伴成长。现在由于我国法律制度逐渐完善,户口管理制度比较严格,领养要获得相关部门的审批。

一、领养家庭面临的困难和问题

领养的孩子毕竟不是亲生孩子,所以养父母在家庭适应性方面需要调整。在中国五千年文化历史和儒家思想的影响下,在养父母非常单纯的收养动机指导下,绝大多数的养父母虽然和收养的孩子并无血缘关系,家庭生活并不富裕,但却视为己出,甚至比对自己亲生孩子还要好。但领养家庭仍然面临着一定的困难和问题。

(一)养父母适应性稍差

亲生父母大约有270天的时间为即将来到世间的孩子做诸多准备,但养父母却没有这么长的时间做准备,因为他们不知道什么时候才能收养到自己想要的孩子。当有机会领养时,收养孩子的营养、健康和教育等问题都要由夫妻俩去面对,和原先的家庭生活状态相比差别极大,所以养父母要尽快调整心态,努力为收养孩子的未来做各种准备。

(二)是否要告知收养子女的"身世秘密"[①]

随着收养子女年龄的增长,他们有时会向养父母提出有关身世、出生经历方面的问题;而许多养父母自身也要面临这样一个问题,即该不该向收养子女说出他们的真实身世。这是收养子女家庭中的一个心结,也是收养子女家庭在家庭教育中必须解决好的一个难题。对此,必须以尊重收养子女为原则,从家庭实际情况出发,区别对待和解决,谨慎对待收养子女的身世秘密。

如果孩子是在婴儿时期被收养的,而送养者又不是孩子的亲生父母,收养子女一般情况下不会知道真实的出生经历,这就可以永远保守收养子女身世的秘密,有利于子女的心理健康发展与家庭的和睦。

如果孩子对亲生父母还有记忆,就可以对收养子女不隐瞒任何情况,告诉孩子真实情

---

① 李天燕.家庭教育学[M].上海:复旦大学出版社,2007.

况,改变孩子的怀疑心态,使孩子理解家人的选择,帮助孩子适应新的家庭环境,逐步增加与养父母的亲情,建立起和睦幸福的家庭。

如果孩子不知道自己的身世,但秘密又不可能永远保守下去,养父母可以在一个适当时机向孩子说明身世。因为在这种情况下一旦孩子通过其他途径得知自己的身世,他们的心态会受到或大或小的伤害,从而不能原谅养父母对自己真实情况的隐瞒。如果养父母能选择适当时机告诉孩子自己的身世,会使收养子女在震惊之余,对养父母更加信任并心存感激,从而慢慢平静心态,逐步从情感上接纳养父母,为家庭和睦创造条件,也为实施良好的家庭教育奠定了基础。

二、领养家庭的教育策略

领养的孩子虽然并非亲生,但养父母也应该尽到教育义务。了解并掌握必要的科学教育知识为孩子的成长保驾护航,这不仅是对孩子的良好培养,也为国家建设贡献了自己的力量。但由于领养家庭不同于核心家庭,在教育策略上会稍有差别。

(一)养父母要不断进行自我教育

养父母要端正心态,主动接收来自收养子女的教育信息,增强自我教育,不断完善自己。特别是要总结与收养子女相处的经验,营造幸福美满的家庭生活。同时也要求收养子女要体谅父母,给他们以关爱,把新的信息及时传递给父母,增强相互教育的影响。特别是成年的收养子女要承担赡养养父母的责任,给他们更多的关心,使他们感受到亲情,并愉快地度过中老年生活。

(二)做好自我心理调节,担当教育责任

通常情况下,人们对收养子女家庭及其教育问题抱有消极的观点,一是认为养父母与收养子女之间缺乏情感和真诚,并且代沟多、矛盾多、很难有正常的亲子关系;二是养父母难以把握对收养子女教育的度,如果对其严格要求,会得到收养子女的反感和外人的闲话,如果放松对其的教育,又往往会使收养子女养成一些不良行为,没有尽到养父母的教育责任。因此,养父母必须有心理准备,调整好自身的心理状态,坦然面对世俗的压力,勇敢地担负起养父母的教育责任。

首先,养父母要用比对待亲生孩子更多的宽容来接纳收养子女,理解收养子女具有儿童的不成熟性,懂得收养子女的心理需求,了解收养子女的主观能动性,树立正确的儿童观,不急于求成。其次,养父母要克服心理压力,勇敢地承担对收养子女的教育责任。养父母有责任和义务严格要求收养子女,培养他们良好的品德、坚强的意志,促使他们在德、智、体、美、劳等方面得到全面发展,为他们的未来发展奠定坚实的基础。最后,还要了解收养子女的心理发展情况,积极采取有效的教育手段,解决收养子女的教育问题。

（三）从情感上对收养子女多加关爱

亲子关系的建立对孩子的身心健康成长具有良好的推动作用。养父母应该从情感上较多投入,日常生活中多加关爱孩子,养成良好的亲子关系,拉近彼此心与心之间的距离。养父母对收养子女的真诚爱护和殷切希望,对收养子女的身心健康发展有良好的促进作用,并有助于对收养子女实施良好的家庭教育,促进其成才。

（四）努力形成和谐、融洽、民主的家庭氛围

养父母收养孩子首先应该做的是让家庭更加民主,不能任何事情自己说了算,特别是对年龄稍大一点的孩子更不能这样。作为养父母,除了自身要习惯和适应新的家庭环境、创造新的家庭生活外,要特别注意不要急于对收养子女严格管教,强制让收养子女扮演自己亲生孩子的角色,养父母要尽量多了解收养子女原先的家庭情况,知晓孩子的性格特点,这对孩子今后的家庭教育尤其重要,特别是收养处在青春期的孩子。

另外,养父母一定要创造一种民主的家庭氛围,生活中的一些简单事情也可以和收养子女共同商量,这样会让收养子女觉得自己受到了尊重,更重要的是这样极易形成和谐、融洽、民主的家庭氛围。

思 考 题

1. 单亲家庭的主要类型有哪些？
2. 重组家庭对孩子有哪方面影响？
3. 重组家庭的教育策略有哪些？
4. 隔代家庭存在的主要问题有哪些？
5. 联系实际,说明隔代家庭对孩子应采取的教育策略。
6. 领养家庭面临的困难和问题有哪些？

案 例 分 析

离婚,请不要"离"开孩子[①]

某市南岗区某重点中学的班主任王老师介绍说,她曾经做过调查,班里有15名学生父母离异,但是仅有4名学生承认。单亲家庭的学生十分忌讳别人打听自己的家庭情况,认为这"见不得人"。"将自己封闭起来"成为保护自己、隐藏事实的最好途径。于是,这些孩子很

---

① 黄晏君.离婚,请不要"离"开孩子[N].哈尔滨日报,2011-11-27(003).

少与人交流，更不愿意与别人交朋友，生怕他人知道这"不光彩"的家庭情况。"曾经有一个女生，父母离异，她跟随母亲生活。原本活泼开朗的孩子突然变得易怒、敏感，也拒绝写《我的父亲》之类的作文。每当学校统计家庭情况时，她都说自己的爸爸去世了。"

从事教育工作多年的退休教师王亚姝说："我教过很多单亲孩子，从他们的眼神中我能感受到不信任，他们仿佛刺猬一样，将自己紧紧保护起来，父亲母亲更是他们心灵中不能触碰的伤口。而且这些孩子的学习成绩多数也由于家庭的突然变故出现明显下滑。""受累不讨好"也成了作为监护人的家长面临的困惑。小明父母离异，他跟妈妈生活。可小明的母亲怎么也想不明白，自己付出了比孩子爸爸更多的感情和经济投入，但是小明却不领情。有时候小明妈妈也会说："你这德行和你爸一个样，真是后悔生养了你。"对此，小明说："我所有的不幸都是父母造成的，是父母亏欠我。如果可以选择，我才不愿意来到这个世界呢。爸爸不要我，妈妈又这样骂我，连父母都不能好好对待我，我还能相信谁？"

联系实际，谈谈离异家庭对孩子的影响以及教育策略。

第九章 家庭教育中常见的心理问题

胎儿从出生到青春期的这段时间,对个体发展起着决定性的作用,生理、心理、认知等方面都在这一阶段发生有着复杂的变化。不同年龄阶段的个体有不同的身心发展特点,特别是孩子到了青春期后,由于发展任务的转变,心理特征也会更加突出。在家庭教育中,只有遵循阶段成长规律并且对孩子进行良好环境的创设、科学规律的教导,才能保证他们身心得到健康发展。因此要求父母在实施家庭教育时,有必要掌握相关知识和对应方案,以便在特殊情况下加强预防和干预。

本章我们主要讲解几种常见的家庭心理问题:攻击行为、说谎行为、人格障碍、焦虑问题、抑郁问题、青少年自杀及干预。在家庭教育中,父母要帮助孩子度过青春期,正确预防和干预各种青少年时期可能出现的心理问题。

第一节 攻击行为

攻击行为是指有意的、以伤害他人为目的的行为,即对他人的敌视、伤害或破坏性行为。包括身体、心理或言语等方面。

一、攻击行为的分类、发展及性别差异

(一)攻击行为的分类

攻击行为根据目的性的不同分为敌意性攻击和工具性攻击。

敌意性攻击一般由痛苦或不安引起,是情绪性行为,其目的是伤害他人,以给他人造成痛苦为最终目的。例如,小李故意用拳头殴打小王面部,致使小王鼻子流血。

工具性攻击是通过伤害他人作为一种手段,目的是通过攻击获得自己所希望的物品。例如,小明为了抢小红手中的玩具殴打了小红,小明殴打小红并不是目的,而是一种手段,只是为了获取玩具。

(二)攻击行为的发展

婴儿1岁左右就会表现出比较明显的攻击意图,两个1岁的孩子可以为争夺玩具而斗

争。在以后的成长岁月中,如果儿童没有学会以协商或者其他更友善的方式解决冲突,那么长大以后就会表现出更多的攻击行为。攻击行为发展研究显示,2～3岁的孩子会在玩伴妨碍或攻击自己时,用踢打等躯体行为进行反抗。3～5岁时,身体攻击会减少,而语言攻击的频率会逐渐上升,孩子会更多使用嘲笑、说坏话、诽谤、起外号等方式对他人进行攻击。学龄前孩子的攻击大多数情况下属于工具性攻击,其目的在于争抢玩具、食品等孩子认为有价值的东西。到童年中期,大多数孩子学会使用友善的方式解决大多数争端,身体攻击和言语攻击的发生率都会有所下降。[①]

(三)攻击行为的性别差异

儿童的攻击行为存在着性别差异,这是一个不争的事实。来自全世界各个国家的100多项研究报告都认为,男性无论在身体还是语言上都比女性更有攻击性,这种差异甚至在2岁多的时候就会表现出来。男孩普遍使用直接的身体攻击,例如,殴打、欺负或其他外显方式直接进行攻击。而女孩则普遍使用间接攻击,例如,拒绝接纳、排斥,或者可能破坏友谊的行为。随着年龄的增长,儿童逐渐从直接进行身体攻击转向使用多种攻击方式。虽然,在具体的攻击类型上,与性别差异有关的研究可能没有达成一致,但是攻击行为在总体上有性别差异。

二、攻击行为形成的原因

(一)利益性诱因

大多数儿童的攻击行为属于工具性攻击,他们只是想通过攻击手段获得同伴手中的玩具或其他物品。

(二)示范性诱因

攻击行为具有示范作用,能够诱发观察者对榜样行为的学习,特别是观察者处于情绪激动状态时,示范作用对观察者攻击行为的诱发力量尤其强大。例如,父母采用体罚或者压制性措施教育孩子是在给孩子提供攻击行为的示范,也就是说是父母教会了孩子攻击行为。

(三)情绪因素

当儿童的情绪低落时,往往会采取一些攻击行为缓解自己低落的情绪。如果有同伴在身旁,那么这个同伴很可能会成为攻击对象。

---

① 刘金花.儿童发展心理学[M].上海:华东师范大学出版社,2013.

（四）家庭冲突和暴力

据相关研究显示，家庭暴力是影响儿童攻击行为的主要因素。由于种种原因导致的家庭冲突和暴力具有相当的普遍性，它所产生的消极影响不仅使夫妻关系紧张，甚至还会影响到孩子的社会性发展，特别是导致儿童攻击行为。无论是男孩还是女孩，童年期时常受到惩罚或者看到惩罚现象，长大后更有可能出现攻击行为。

（五）暴力性影视剧和游戏

随着我国大众传媒和计算机技术的高速发展，目前市面上充斥着太多的暴力性影视剧和游戏。有的家长认为作为男孩子从小就要培养英雄气概，多看暴力性影视剧作品和玩暴力游戏就是一种很好的教育方法。但是孩子在童年期过多地从游戏当中或电视屏幕上看到了打打杀杀的行为，对于模仿力较强、思想并不成熟的孩子来说是非常危险的。现实生活中，采访一些犯罪的青少年打架斗殴的原因时发现，多半是由于学习影视剧里的某个人物形象所导致的。由于对影视剧中人物的崇拜，从而在现实生活中，只要遇到和他人相处不顺利的情况时，便会采取攻击行为。

三、攻击行为的预防

（一）帮助孩子找出攻击的原因

如果孩子是因为想要同伴的玩具而采取攻击手段，家长可以在孩子与同伴玩耍时，事先在手中准备一个新鲜的玩具，如果孩子想要玩同伴手中的玩具，可以引导孩子与之交换。如果孩子的攻击行为属于敌意性攻击，家长要帮助孩子分析错误原因且在必要时有一定的惩罚。例如，孩子出现敌意性攻击行为时，可以让孩子减少玩的时间，切记不要体罚。另外，还可以带着孩子把攻击行为宣泄在一些户外活动上，陪同孩子参加更多的合作类游戏，让孩子懂得与他人合作的快乐。

（二）提高认知

对于家长来说，需要教会孩子控制自己的情绪，正确认知有效信息，并提高认知水平。要帮助孩子理解他人的观点及行为，并能理性处理一般问题，从而减少攻击行为。

（三）创设良好家庭环境

儿童的一些攻击行为多与周围的环境有关，良好的生活环境是儿童成长的必要基础。在儿童成长期间，父母应树立非攻击行为的榜样，从而正面影响孩子的行为。

（四）避免儿童接触暴力性影视剧、游戏

家长要避免儿童过多接触暴力性影视剧作品以及游戏。对比现实生活，影视剧作品和游戏更能吸引儿童的注意力，因此，家长要管理好家中电视频道和游戏种类，同时要求父母也不要接触类似内容。

第二节 说 谎 行 为

家长往往对孩子的说谎行为很担心，认为他们道德上出现了问题。研究发现，儿童说谎是一种普遍行为，随着年龄的增长和道德水平的提高，青春期以后说谎行为会有所减少。

一、说谎现象研究

（一）说谎的含义

说谎是指说话人为了达到某一种特殊目的，说出来的言语与事实不相符合，从而给对方造成错误判断的一种行为。

（二）判断谎言的三要素

举这样一个例子，小张告诉小王："自己在长跑比赛中得了年级第一，要请大家一起到小卖部吃冰激凌。"小王得知消息后就把这个消息告诉了小李，于是，小王和小李在约定时间来到了小卖部，却没有见到小张的身影。听同学说，小张根本就没有拿到第一名。于是，小李就说小王说谎。

仔细分析上述案例，小王明显是无辜的，他对小张的言语信以为真，并且在信任小张的前提下说出请客吃冰激凌的事情，因此，这并不是谎言。

那么我们该如何判断说话人说的是否是谎言呢？

我国学者一致认为，一个人说话是否能算上谎言，需要具备三个要素：第一，所说的是假话；第二，说话人知道自己所说是假话；第三，说话人希望听者认为它是真的。

（三）说谎行为

我国学者徐芬研究发现，3 岁儿童中有 59.3% 出现说谎行为，而 4 岁时该比例达到了 75%。随着年龄的增长，儿童说谎行为也随之增加。2 岁儿童每 5 小时说谎 1 次，4 岁儿童每 2 小时说谎 1 次，6 岁儿童每小时说谎 1 次。可见年幼儿童说谎是一种普遍现象，需要说明的是，实验情境下轻微的违规行为，不会产生特别严重的后果。

研究者还发现，善于说谎的学生并不一定是教师和家长眼中的坏孩子，在学校里学习成

绩优异、和大家相处愉快的同学也有很多是说谎的高手。[①]

二、儿童说谎的原因

不管是在家庭还是学校,儿童说谎已经成为一种普遍现象。他们的说谎行为不分时间、地点,在家里可以向父母说谎,在学校里可以向教师说谎,而且,儿童说谎的原因还具有多样性。通常情况下有以下几种原因。

(一)为了逃避惩罚

假如爸爸下班回家发现茶几上的杯子摔坏了,孩子却说是杯子自己掉在地上的。这种说谎行为是儿童为了逃避惩罚,说了谎话欺骗爸爸。

(二)为了获得奖励

在家庭教育中,父母告诉孩子,如果有什么好的表现会得到一定的奖励。在这种情况下就很容易造成孩子的说谎行为。例如,奶奶在爸爸妈妈不在家时来看望孙子,见家中地面较脏,于是拿起扫帚打扫了一番。爸爸妈妈回家后发现一尘不染的地面,于是问起缘由,儿子为了获得爸爸妈妈的奖励说是自己所为。

(三)为了身份维护、展现自我

当同学们在班级中谈论父母职业时,往往有的学生会把做工人的父母说成是经理,把政府单位科员的职位说成是局长。这些把父母的职业进行"私自抬高"的行为,是对自己身份的维护,从而显示出自己家庭身份的不一般。

三、儿童说谎的预防

科学研究告诉我们,儿童说谎是一种非常普遍的现象。因此,家长不能刻意把孩子说谎行为归结为品德问题,从而认为孩子没救了。正确的做法是家长要保持良好的心态,对孩子进行正面教育。

在家庭生活中,父母要想减少孩子的说谎行为,需要做到以下几点。

(一)思想上诚信教育

父母要教育孩子说实话,在家做一个诚实守信的好孩子,在学校做一个诚实守信的好学生。让孩子知道诚实是一种高贵品质,这会对将来的发展具有推动作用。

---

① 刘金花.儿童发展心理学[M].上海:华东师范大学出版社,2013.

（二）父母要做好表率作用

父母要想教育孩子不说谎,做个诚实的孩子,前提是自己要做到不随意说谎,夫妻之间要真诚,亲朋邻里之间也要以诚相待。有时候父母也会犯一些小错误,但要敢于承认,不能找一些谎言蒙混过关。这样既能教会孩子学会担当,也能为他们树立一个诚信的榜样。

（三）故事教育法

故事对在成长期的孩子有较强的吸引力。当父母发现孩子有说谎行为时,不要急于批评,采用故事教育法通常能收到良好的效果。在讲故事的同时引发孩子思考,从而鼓励孩子做个诚实守信的人。

（四）不可给孩子随意贴标签

有些孩子说谎频率比较高,家长就给孩子贴上"吹牛大王""吹牛冠军""谎言制作者"等标签。殊不知,刚开始孩子听到这些标签或外号时并不在意,但长期下去会滋生孩子内心的优越感,会为能编得一个好谎言而自豪。这种贴标签的方式只会让谎言越说越多。

第三节　考试焦虑

通俗来讲,焦虑是指人在社会生活中,对那些可能造成心理冲突和挫折感的事物或情境做出反应时的一种不愉快的情绪体验,常常以担心、忧虑为标志。一般认为,焦虑的产生既受到个人性格特点的影响,也受到外界环境的影响。在学业生涯中,考试焦虑是一种常见的焦虑现象。

一、考试焦虑现象

考试焦虑是指由于考试压力过大而引发的异常生理现象。在考试之前,当考生意识到考试对自己具有某种潜在威胁时,就会产生焦虑的心理体验,这是面临中考或高考的学生中最为普遍的现象。他们怀疑自己的能力,忧虑、紧张、不安、失望,甚至记忆受阻、思维停滞,并且时常出现生理方面的变化,如血压升高、心率加快、小便增多等。这种状态持续时间较长会出现坐立不安、食欲不振、睡眠失常的现象,从而影响身体健康。

研究发现,适度的心理紧张,可以使人奋进,克服各种学习上的困难,具有良好的激励作用。但过度的考试紧张则会导致考试焦虑,影响考试发挥,使成绩下滑,从而影响身心健康发展。

二、考试焦虑产生的原因

引起考试焦虑的原因是多方面的,但主要包括以下几种因素。

(一)自我期望过高

一些学生在考试时,总是对自己有着过高的期望,但实际水平距期望水平存在差距,他们几乎对每次考试都会失望,长久下去,自然就形成了焦虑现象。

(二)自信心不足

有些学生,一旦某次考试不理想,就会丧失自信心,从而低估自己的能力和知识水平。遇到挫折时会垂头丧气,产生考试焦虑。

(三)知识储备不足

考试分数的高低通常与考生掌握知识的多少成正比例关系,如果考试内容没能完全掌握和消化,则会导致对考试没有把握,考试前的各种担心必然会产生考试焦虑。

(四)个性心理特征

个性心理特征是个体经常、稳定地表现出来的心理特点,比较集中地反映了个体心理面貌的独特性与个别性。主要包括能力、气质、性格等。但是那些外向或内向不稳定型的学生,由于处世中心理特征不稳定,也极易产生考试焦虑现象。

(五)环境因素

当孩子即将考试时,有些家长会给孩子各种压力。殊不知,孩子在考试前,一般会进行自我施压,若家长再火上浇油,极易将孩子正常的考试压力发展为考试焦虑。

给学生带来考试焦虑的还有教师,教师对学生的考试成绩过于关注,甚至由于学生成绩不理想而采取严厉管教、告知家长、表扬成绩突出的学生等行为,这些都会使学生把分数看得十分重要,在考试前突击学习,神经系统无法放松,从而产生考试焦虑。

三、考试焦虑的预防

既然考试焦虑是由多种原因导致的,在预防上也应采取相应措施。

(一)帮助孩子改变学习策略

孩子产生考试焦虑的其中一个原因是知识储备不足,如果孩子解决了该问题,自然会使他们信心百倍。作为家长,不仅要关心孩子的学习态度,还要关心孩子的学习方法以及策略。有的孩子在学习上很努力,但是效果一般,有的孩子虽然在学习上不够认真,但是对教师讲过的知识基本能全面掌握,究其原因竟是学习策略问题。例如,养成新课前定期预习和课后定期复习的习惯,会对知识的增长有很大帮助。

改变学习策略,孩子的学习自然就会轻松许多,同时随着知识的不断增长,考试焦虑现象也会减轻甚至消失。

(二)创造和谐、民主的家庭氛围

有些孩子由于个性较强等原因,无论做什么事情都要争第一。这样个体目标过高,如果失败了,就会产生挫败感,不利于成长。当家长发现自己的孩子具备该性格特征时,不要再给孩子施压,而应经常给他们关怀、表扬与鼓励。此外,家长不要给孩子灌输事事争第一的理念,不要对孩子的考试成绩加以要求,这些行为只会增加孩子的考试焦虑。

(三)注意力转移法

心理学研究发现,情绪的控制与人们对该情绪的注意程度有关。当孩子过分关注考试成绩时,往往会产生不利于考试发挥的情绪,比如紧张、焦虑等。所以当孩子过于关注考试分数时,家长就要适时地引导孩子转移注意力,可以在考试前经常陪同孩子外出散步、游玩、打球等,这样可以使孩子紧张、焦虑的情绪得以转移。

(四)给予孩子自信心及个性培养

有些孩子几次考试不理想便对考试产生了厌恶感,缺乏自信心,成绩很难有所突破。作为家长,发现这一现象时,不要强逼着孩子每天一直学习,而要从培养孩子的自信心开始。每个孩子都有其自身的优点和长处,不管是体育方面还是音乐方面,家长需要发现并认可孩子的优点和长处,目的是培养孩子的自信心。

(五)不过分关注分数,引导孩子合理归因

一些家长过于强调考试分数,当看到孩子试卷时,不看内容,只看分数。分数高了口头表扬,分数低了一顿数落。家长对分数的过度关注会使孩子越来越紧张、害怕、担心。

正确的做法是,不管孩子分数考多少,都不要急于评价,家长应先看看考试内容,帮助孩子分析考好或没考好的原因。例如,孩子这次分数考了 98 分(满分 100 分),父母不要急于表扬,要先看看孩子失了 2 分的原因,如果失分地方是简单的题目,家长可以引导孩子把失分地方归因于马虎所致;如果失分地方较难,家长可以引导孩子把失分地方归因于没有认真思考所致。当孩子听到父母这样帮助自己归因时,会增加学习动力,从而改掉学习中的一些缺点。切记一点,不管孩子是何原因导致的考试成绩不理想,千万不可归因于孩子智商不高。

第四节 自 卑 感

自卑是个体成长中的大敌。自卑心理是指由于不适当的自我评价和自我认知所引起的自我否定、自我拒绝的心理状态。自卑者并不是真的不如别人,而是主观上认为自己不如别人、自己做不好、自己低人一等。从某些方面来讲,自卑心理可以促使人们对自己的正确认知,加快对自己缺点的弥补,对自身成长有一定的意义。另一方面,自卑心理也会对人们产生危害,当人们希望通过榜样或者美好事物促使自己进步时,会不自觉地产生比较,从而产生自卑情绪,甚至会对这些事物产生排斥、厌恶等心理,影响身心健康发展。

一、自卑感的表现形式

孩子由于生理和心理的缺陷而产生的自卑心理,主要会表现为内在和外在两个方面。内在往往表现为气质抑郁、性格内向、缺乏自信、自暴自弃;外在表现为人际交往退缩、胆小怕事、不善于交流等。

在现实生活中,有人经常叹息自己不够优秀,别人什么都比自己好;有的学生上课不敢发言,怕自己回答不够好,会被同学取笑;想做的事情不敢去做,会有各方面的担心;总是羡慕他人,认为别人诸多方面都比自己强。

同时,存在自卑感的孩子做事情意志薄弱,当遇到一时难以处理的事情时,便止步不前,找出各种外在理由,而不是从自身找原因。

二、自卑感产生的原因

通常情况下,自卑感产生的原因主要有以下几个方面。

(一) 多次挫败的影响

有些孩子经过几次失败后就认为自己太笨,学习没有天赋,尤其当这些孩子接触到不擅长的学科时,就会产生自卑感。这是一种消极的心理状态,是继续学习和追求理想的心理障碍,易使人在困难面前不战而败、望而却步,严重者还会导致颓废、沮丧、抑郁、焦虑、心态扭曲等不良心理现象。

(二) 对自己认知不足

研究者发现,有自卑感的青少年大部分性格内向,这些人感情脆弱、体验深刻、多愁善感,他们中的多数人愿意接受别人的低评价却不愿意接受别人的高评价,易拿自己的短处和别人的长处相比,因而觉得自己不如别人,从而产生自卑感。

（三）消极的自我暗示

那些有自卑感的青少年往往对自我认知不足,常常觉得"我不行",由于事先有这种消极心理的暗示,自信心会受到抑制,增加心理压力,在日常生活中畏手畏脚,时常处于消极防范的紧张状态中,唯恐当众出丑,并由此产生了无休止的心理暗示。

三、消除自卑感的建议

青少年有自卑心理是可以被理解的,这种心理状态完全可以通过一些有效方法消除或减轻。在家庭教育中消除孩子自卑感可以从以下几个方面入手。

（一）通过仪容仪表改变

简而言之,就是通过个体外观、外貌去改变。干净的脸庞、得体的服装、秀气的发型可以给人一种赏心悦目的感觉。家长可以通过对孩子外貌的修饰,使孩子产生自信心。比如,平时要勤洗澡、勤换洗衣物、勤剪指甲、勤清洗面部污垢、早晚刷牙。在衣着上,要买孩子喜欢且符合年龄特征的服装。在日常生活中,还要培养孩子讲卫生的好习惯。

家长要想更好地培养孩子这方面的习惯,父母首先要做到自身仪容仪表得体,给孩子树立一个良好的榜样。

（二）培养孩子良好的与人交流习惯

告诉孩子与他人交流时,要平视对方,不管对方是熟悉的人还是陌生人都不要低头。心理学研究告诉我们,不正视对方,就意味着自卑;正视对方,则表露出诚实和自信。同时,与他人交流时看着对方的眼睛也是一种礼貌的表现。

（三）全面了解自我

家长应该帮助孩子全面了解自己。首先要告诉孩子,"金无足赤,人无完人"。可以以生活中的例子来说明孩子的优点有哪些,通过列表法一一列出,也可以通过口头表述。当家长在讲述孩子优点时,孩子的心理发展已经得到了良性刺激。

另外值得注意的是,家长在讲述孩子优点时一定不要随意夸大,要以尊重事实为原则。当孩子听到父母讲述自己还有如此多的优点时,自信心被逐渐建立,同时自卑感也在慢慢降低。

（四）教会孩子和以前的自己比较

有些孩子产生自卑的心理是由于和班级中优秀同学比较,这样极易产生自卑心理。当孩子产生了自卑感的时候,家长不应该再训斥孩子,而要引导孩子和之前的自己做对比。例如,孩子英语考了 75 分(满分 100 分),在班级中处于中等以下名次,因此,孩子会感到自卑。这种自卑心理基本上是教师宣布分数和名次之后,孩子通过和班级中优秀同学对比而产生的。此时,家长要引导孩子把此次成绩和上次成绩做对比。家长可以说:"你上个学期才考72 分,这次竟然提高了 3 分,说明你进步了,加油! 你真棒!"相信孩子听到父母这样的肯定及鼓励,自卑心理便可逐渐消失。

(五)近期目标法

当孩子出现自卑心理时,父母可以帮助孩子选择近期目标法进行校正。近期目标法是指孩子的自卑感已经产生,家长可以和孩子共同选择一件近期有把握完成的事情去做,做完后便会产生来自成功的喜悦,然后再寻找下一个更易完成的目标。通过这样的方法逐渐恢复孩子的自信心,降低自卑感。

第五节 青春期叛逆

青春期叛逆心理也称为逆反心理。叛逆期是指青少年正处于心理的过渡期,其独立意识和自我意识日益增强,迫切希望摆脱成人(尤其是父母)的监护。他们反对父母把自己当作小孩,而以成人自居。这一时期有些孩子会过于表现自我,对任何事情都有批判精神,以此来显示自己的不平凡。

一、青春期叛逆的表现

由于生理发育的加速和性发育逐渐走向成熟,青春期的孩子会感到不适应,从而出现不平衡的感受和其他特殊心理,很多家长都在抱怨孩子没有以前那样好管教了,因此,这段时期也被称为"狂躁期"。由于学习、同伴交往等压力增大,处在青春期的孩子心理发生了改变,因此,在教育上要加以引导。父母要特别注意和孩子沟通方式上的转变,否则很容易使孩子产生认知和心理上的障碍。在一些外界不确定因素的影响下,会刺激他们潜意识的反抗,从而形成逆反心理。

青春期叛逆的表现主要有以下几种。

(一)青春期叛逆的孩子容易冲动

青春期叛逆的孩子遇到不顺心的事情,会有强烈的抵抗,会破口大骂,而且无法立刻冷静下来,有时会做出一些不理智的行为,且从不考虑后果,也不会考虑自己的行为方式是否会伤害到他人。另外,有些叛逆的孩子还会有一些报复心理,想方设法报复那些得罪他们的人,即使没有发生报复性行为,在心中也会铭记着报复计划。

（二）青春期叛逆的孩子会厌学

青春期叛逆的孩子会觉得学习压力很大，他们喜欢自由自在的生活方式，不喜欢受到太多的约束。于是，他们会选择旷课去做自己喜欢做的事情，甚至有的孩子受不了父母的管教，选择离家出走。

（三）青春期叛逆的孩子常常以自我为中心

青春期叛逆的孩子认为自己是独特的，任何事情都喜欢自己做主，因为他们觉得自己是大人了。他们有时候也会目中无人，自说自话，认为自己能规划好自己的未来。

二、青春期叛逆的原因

青春期的中学生出现叛逆心理，这是一种普遍现象。由于他们自我认为"长大了"，有能力规划自己的未来，此时家长的意见介入使孩子产生了叛逆心理。

青春期产生叛逆心理具体有以下原因。

（一）渴望父母平等对待自己

在儿童期还是乖宝宝形象的孩子，到了青春期怎么突然变了呢？这是广大父母产生的一个疑问。由于青春期生理和心理的发展，孩子感觉自己已经是一个大人了，而父母还是用管教小孩子的方式去管教自己，他们会特别厌烦，希望自己能与父母平等地交往，具有平等地位。

（二）思想上偏差

有些家长片面地认为，不管孩子处在什么时期，只要是好的教育理念，给孩子灌输即可。这样的方法只适合非叛逆期的孩子，待孩子到了青春期之后，再去用这种方法效果并不好。因为青春期叛逆的孩子只希望父母的观点不要强加给自己，至少要和自己商量，这样孩子才会感觉自己受到了成人般的对待。

三、青春期叛逆心理的教育方法[①]

青春期叛逆心理和行为需要家长与教育者的积极引导、因材施教，这样才可以帮助叛逆青少年形成自我同一性，从而顺利成长。如果环境没有给予青少年合适的表达机会或者限制了他们的发展，可能导致青少年成长受挫，从而产生心理问题。

---

① 刘金花.儿童发展心理学［M］.上海:华东师范大学出版社,2013.

（一）要有思想上的认知

家长和教师要认识到青春期叛逆心理是正常的行为，关键在于引导。叛逆心理促进青少年的自我意识发展，并且使自我认知更客观全面。青少年的思维能力发展为叛逆心理提供了心理基础，具有探索和创新精神。在叛逆的过程中可以获得更多的情感体验，发展情绪智力。逆反促进青少年社会化的进程，形成健全的人格。

（二）尊重青少年，创造民主环境

家长和教师不要事事限制管教，要信任孩子，在某些非原则性问题上给予青少年更多的自主权，允许他们按照自己的意愿解决问题，即使有一些失败和错误也可以包容原谅。当然，家长应该把握尺度，适当监管，以免走向极端。例如，对于青少年的同辈群体活动，可以允许孩子参加，但是需要按时回家。

（三）多和孩子沟通并给予理解

由于青春期这一阶段的特殊性，他们不再像儿时那样崇拜自己的父母，也越发感到父母不能理解他们的想法和感受。青春期孩子第一倾诉对象已经由父母转向了同辈群体。在沟通中，家长的任务更多是倾听和了解，而不是说教。家长与孩子的关注对象不同是常有的现象，但是家长要注意倾听孩子的表达，不要在孩子还没有说完之前就妄下评断，这样只会让孩子对你关上心门。只有让孩子觉得被理解了，才会愿意被你了解。家长的倾听就是孩子的榜样，让孩子学会倾听，这是一种非常重要的人际交往技能。在人际交往中，最受欢迎的人往往不是最会说的人，而是最会听的人。

第六节　青少年抑郁

青少年抑郁在一定程度上会影响他们的身心健康，因此对有抑郁心理的青少年要及时进行治疗。作为家长在对待有抑郁心理的孩子时，更要悉心照料他们，不管是生活上，还是心理上都要全面考虑。青少年抑郁心理与个人、家庭、社会都有一定的联系。因此，青少年抑郁心理更应该受到家庭、社会的广泛关注。

一、青少年抑郁概述

抑郁是负面情感增强的表现，是极其不愉快的情绪体验。日常生活中，时常会遇到不顺心的事情，用什么心态去对待尤为重要，不良情绪过多就会产生抑郁。通常表现有焦虑、空虚感、疲惫、躯体不适感和睡眠障碍等。抑郁和焦虑是青少年常见的情绪表现，因此也应该得到家长和教师们的高度重视。

在临床上,抑郁也是一种常见的心理疾病,占精神科门诊的 5％～10％。抑郁症发生的年龄以青春期为主,一般女性发病率较高。

二、青少年抑郁的表现

青少年抑郁最为突出的表现是心情抑郁,这会从各个方面去影响个体行为与心理行为上的不适,还会引起生理上的诸多变化。

通常情况下,青少年抑郁有以下几种表现。

(一)身体不适

青少年抑郁的原因有很多,表现也有很大的区别。青少年抑郁表现为身体方面的不适,主要有头痛、耳鸣、口干、腹胀、多汗、便秘、无力等。

(二)情绪低落

青少年抑郁最为突出的特点是情绪低落,对日常活动和娱乐项目缺乏兴趣、无精打采。他们较易伤感,很容易产生轻生的念头,但同时又有诸多顾虑,处在种种矛盾之中。

(三)学习能力有所下降

青少年抑郁会产生多方面的影响,其中有一项就是严重影响学习质量。与之前聪明的头脑相比,抑郁后的青少年也许会出现反应迟钝、思维呆板、记忆力下降等表现,他们还会对学习目标动力不够,缺乏自信心。

(四)青春期逆反

有的青少年患有抑郁,会出现一些青春期逆反现象,并且以自我为中心的意识较强。任何事情都想自己做主,无法理解父母的良苦用心。一般表现为生活上过于随便,垃圾乱扔,做事没有时间观念。严重表现有离家出走、夜不归宿、沉迷于网络等。

三、青少年抑郁的原因

青少年时期是一个人成长、成熟和个体社会化的关键时期,这一阶段所经历的生理、心理变化也是人生中最复杂的。这段时期的遗传因素、环境因素和社会心理因素都会造成青少年抑郁现象。

(一)遗传因素

研究表明,若父母中有抑郁症患者,其孩子发生抑郁的风险增加 4～6 倍,且发病年龄早。在抑郁症患者中,有40％都是遗传作用导致。遗传因素是通过影响大脑的化学物质平衡、抑制消极情绪的脑区发育或应激时体内的激素反应,从而引发抑郁。

(二)环境因素

个体的成长是在一定的环境中进行的,通常情况下,青少年的成长环境中有父母、爷爷、奶奶甚至还有兄弟姐妹。处在青春期的孩子,如果家庭结构发生了变化。例如,父母离异、亲人离世,都会使青少年产生抑郁。另外,其他环境的变化,比如,同伴的转学、不良的同伴关系、喜欢的宠物死去,这些也会使青少年产生抑郁。

(三)成就感丧失

成就感丧失主要是青少年考试失败等情况所致,学习是青少年时期最为主要的任务之一,而考试又是检验学习效果最为直接的一种方式。青少年在家长和教师的期望下,若没能达到理想的考试分数,内心会产生负面情绪,如果多次考试都是如此,则会产生抑郁。

四、青少年抑郁的预防和改善

家长要预防青少年抑郁以及改善有抑郁倾向的孩子,需要从以下多个方面入手。

(一)尊重孩子

青春期抑郁已然是一种普遍现象。不管孩子是何种性格特点,家长都要和孩子平等相处,家中只要和孩子相关的事情,不管大小,都要和孩子商量解决。这样做能够让孩子感觉到自己被父母尊重,从而起到预防抑郁的作用。

(二)建立和谐的家庭环境

一个和谐的家庭环境将会有利于孩子的成长,作为家长要意识到这一点,并且努力改善家庭环境。如果夫妻之间有矛盾的话,应该避开孩子交谈,并且在日常生活中应该时常采取幽默、自嘲的方式进行交流沟通,孩子在这种和谐环境中成长会有无比轻松的感觉。

(三)增加户外活动

青春期的孩子由于身体发育变化,需要更多的身体锻炼,户外活动还有另外一种好处,可以使烦躁的心情得到抑制。每个青少年都会发生一些不顺心的事情,父母可以带着他们外出旅游、爬山、踏青等,这些都是有效预防青少年抑郁的良好方法。

(四)规律生活、科学学习

家长要教会孩子养成规律作息、定时用餐的生活习惯。在生活中做好休息、娱乐的时间安排,学习上有计划和目标,并且引导他们超越以前的自我,只要有进步就立即表扬,并且鼓励孩子朝着目标奋进。

（五）多谈心、多交流

青少年时期生理、心理、思维、认知都在发生着变化,这段时期青少年出现的抑郁、焦虑情况也是一种普遍现象。因此,作为父母要有一双善于发现的眼睛,能够观察到孩子思想、行为上的蛛丝马迹,并与之交流。有些时候,孩子的一些想法对父母是保密的,父母不要一直追问孩子到底发生了什么事情,这样很难问出结果。父母不妨从生活中非常随意的一件小事和孩子进行交流。例如,妈妈可以这样和孩子说:"我今天上午到超市买菜,准备付款时发现没带钱,你认为妈妈应该怎样改掉忘带钱包的习惯呢?"当孩子听到妈妈向自己讨教问题时,脑海中立刻会产生思考,于是,他们就聊了起来……

父母和孩子要多谈心、多交流,不能只在孩子有不良情绪时进行,日常生活中也应如此。

第七节　青少年自杀及干预

自杀是个体在复杂的心理活动作用下,蓄意或自愿采取各种手段结束自己生命的危险行为。自杀作为一种复杂的社会现象,其结果有死亡、致残或被救治。

一、青少年自杀概述

自杀是全世界最大的公共健康问题之一,每年约 100 万人因此丧生,而自杀未遂者至少是自杀者的十倍。自杀是全球人口死亡的主要原因之一。最近研究发现,每年中国大约有28.7 万人死于自杀,约 250 万人因自杀未遂而接受救治。自杀排在我国人群死亡序列的第五位,而在我国 15～34 岁人群中,自杀为第一死因。[1]

2001 年,南京市教育科学研究所对南京近 2000 名小学生做了一次抽样调查,发现40.1%的小学生说过"不如死掉的好"这句话。另一项针对上海 2500 名儿童的调查结果(高鸿云,2004 年)显示:有 24.0%的孩子有过自杀念头;15.2%的孩子认真考虑过要采取行动;5.85%的孩子自杀未遂。据世界卫生组织统计,青少年自杀死亡率一直居高不下,且有低龄化趋势。

二、自杀所经历的阶段

逃避自我理论最早由 Baechler(1975)提出,后经 Baumeister(1990)完善。该理论集中

---

[1]　刘凤英.关爱学生——珍重生命[J].卫生职业教育,2007(4).

了多种理论,将自杀中的认知因素与动力因素融为一体,认为认知理论是逃避自我理论的核心。

逃避自我理论认为自杀一般要经历以下六个阶段。

（1）近期状态达不到自己的期望和标准

可能是因为期望过高,或者确实出现了严重阻碍,也有可能两者均有,个体有严重的挫折感。

（2）消极、稳定的内归因

将对事情的消极评价转换成认为自己有某种稳定的、不好的特点。

（3）出现自卑和低自尊

觉得自己没有能力、不受人喜欢、自罪自责。

（4）产生消极情绪

因自己没有尽到外在的责任与义务而焦虑;因达不到自己的标准而抑郁。

（5）认知降低

为了驱除抑郁或焦虑,只考虑近期目标,只关注眼前的活动,让意义的维度从感知和思考领域中消失。例如,降低对身份的意识可以减少负罪感。认知降低解除了焦虑和抑郁,从而导致冲动。

（6）自杀

当降低认知策略也不能抵挡恶劣的情绪和观念时,长期的认知降低带来的意志丧失、不分对错、易于冲动等特点,会使死亡在当下成为逃避恶劣情绪和痛苦的自我意识的手段。

三、青少年自杀的原因

我国学者库少雄曾经对262例青少年自杀的个案进行分析,发现因学校问题占28.3%;异性关系问题占19.9%;家庭问题占16.4%;精神不正常占9.2%;其他问题占26.2%。

青少年自杀的原因有很多,主要有以下几种。

（一）学校因素

对于大多数学生来说,学校生活是他们的生活重点。从学业压力上看,繁重的功课、超多的课后作业、频率较高的考试测验,同时还有来自教师的压力,教师会时常批评那些成绩落后的学生,这些因素都会使处在青春期的孩子感到压抑、焦虑、抑郁。当学生无论采取什么方法,成绩依旧止步不前时,就会感觉自己很笨,认为会被别人看不起,从而导致抑郁,严重者会选择自杀。

（二）家庭因素

当孩子到了青春期时,父母用以往的教养方式已不能让孩子百依百顺,这是因为家长没能认识到孩子生理和心理的变化,之前的教养方式会使孩子感到厌烦,认为没有得到父母的尊重。另外,孩子的青春期可以被认为是"狂风暴雨期",家庭里只要出现些许变化,就会影响到孩子的身心发展。例如,父母关系不和、时常吵架、准备离婚、夜不归宿等都会破坏孩子的情绪。他们无法改变父母的现状,也无法改变家庭的紧张环境,感觉生活在水深火热之中,这种不良的情绪会使孩子产生自杀心理。

(三)自身因素

通常情况下,我国青少年学业压力相对较大,再加上父母的督促与期盼,容易产生焦虑、抑郁甚至自杀心理。有些孩子可以把这种压力转化为动力,而有的孩子却认为世界上最痛苦的事情莫过于学习。对于那些学习成绩好的孩子而言,并不是因为他们有着超高的智商,而是因为他们掌握了科学的学习方法,方法对了成绩自然不会差。

有的孩子因为人际关系而选择自杀,原因是他们无法正确处理好人际关系。有时出现人际关系危机的原因是相处的同伴做人做事不周到,这时孩子就要锻炼应对危机的能力,当不可控因素发生时,应及时采取恰当的方法化解危机,从而使人际关系良性发展。

(四)社会因素

社会经济、文化的快速发展,人们物质生活和精神生活的急剧变化,各种负面信息的快速传播,强烈地影响着青少年本不牢固的人生观、价值观和世界观。社会的经济发展使得家庭在经济方面产生现实与理想上的偏差,具有攀比之心的青少年往往会感到自卑、抑郁,从而产生自杀心理。

另外,心理学家认为自杀的新闻报道具有"维特效应",一些具有自杀心理的青少年往往对新闻报道中当事人自杀的方法较为感兴趣。因此,国际预防自杀协会提出:"尽量减少媒体报道自杀的方法,因为每经媒体报道的自杀都会在本土文化作用下形成一种新的自杀方法。"

四、青少年自杀的预防和干预

自杀问题是一个复杂的社会现象,需要社会各个系统持续关注,也需要社会学、精神病学、社会心理学、医学等多学科相互交叉才能更深入地研究自杀现象、原因、预防和干预的途径,从而避免无谓的自杀出现,使社会良性发展。

(一)自杀的三级预防

Katsching 早在 1980 年提出了自杀的三级预防观点,并对自杀行为与防治阶段予以了详细的区分。

初级自杀防治的服务对象为所有的青少年,工作重点在于培养青少年应对危机的调适能力,这种调适能力的培养是预防性的,而非治疗性的。

二级自杀防治的重点人群为具有自杀意念的危机人群,应以强化青少年危机调适能力为原则。可视青少年自杀意念程度,分别对其展开个案工作或团体工作。

三级自杀防治的对象则为已发生过自杀行为的目标人群。除了医疗上的紧急救助之外,危机干预工作者应联系精神科医生或心理咨询师进行诊断与治疗。

(二)自杀危机干预策略

在应对想自杀的青少年时,要注意运用以下策略。[①]

1. 保持镇静

不要让当事人的悲伤影响到你的判断。当事人需要别人帮助他恢复理智,但不需要一个本身情绪不稳定的人来帮助他。

2. 指出优点

谈论当事人的优点和长处是有益的。例如,当事人可能曾经是一个举止文雅、乐于助人、努力工作、待人诚恳、活泼开朗、富有吸引力的人,企图自杀很可能只因片面地看到自身及生活中不好的一面,而忽略了好的一面。

3. 帮助当事人获得客观的态度

一个被各种问题和压力压得无法喘息的人无法冷静、客观地评价自己和所处的环境。在这种情况下,危机干预工作者首先要保持客观的态度,并帮助当事人尽可能客观地看待自己的环境,给予其活下去的希望。想自杀的青少年几乎都是矛盾的,他们的内心徘徊在生死之间。因此,发现并紧紧抓住他们想活下去的愿望是非常有帮助的。

4. 不要发生争论

避免就生命与死亡的哲学问题与当事人争论。同时也应避免说一些陈词滥调,例如,"还有很多美好的东西在等着你""你的生命才开始"等。这种说话方式使当事人觉得你只是泛泛而谈,而非真正理解他们内心的感受。企图自杀的青少年最需要的是客观的、设身处地的、感情移入的理解和支持。

5. 指出其他的行为选择

由于个人经历和生活压力的不同,有人常常囿于个人对生活的一己之见,这些人也许只看到目前的危机而看不到生活的愿景,这时与他们谈谈其他可能的选择是有益的。有时想自杀的人处于情绪的最低点,他们认为人生从来就是如此糟糕而且永远如此。实际上,人生如潮水,有涨也有落。一个想自杀的人很可能曾经"涨"过,并且可能在以后的生活中再次"涨"起来。因此,指出这种生活涨落的规律是有益的。

[①] 库少雄.青少年自杀的原因、征兆与介入策略[J].社会科学研究,2001(6).

6.帮助当事人获得资源

对当事人最有力、最具体的支持就是帮助他们得到想要的东西。想自杀的人一般来说比较孤独,因此,危机干预工作者要帮助他们获得各种资源。这些资源包括家庭和朋友,也许还包括帮助当事人去见一位他想见的亲戚朋友或心理医生。最终,还需要专业的心理咨询师为那些需要帮助的人提供长期的关心和帮助。

思 考 题

1.攻击行为形成的原因是什么?

2.联系实际生活,说明儿童说谎的原因。

3.怎样预防儿童说谎?

4.考试焦虑产生的原因有哪些?

5.自卑感是如何产生的? 应该怎样帮助那些有自卑感的学生消除自卑心理?

6.浅谈青春期叛逆心理的教育方法。

7.结合事例,阐述青少年抑郁的表现。

8.结合学过的理论知识和自己的经验,谈谈怎样预防青少年抑郁。

9.联系事例,浅谈自杀危机干预策略。

案 例 分 析

小涛(化名),年龄16周岁,即将参加初三中考。父母文化都不高,只有初中水平,但对孩子的教育没有一丁点儿马虎。

家庭经济条件一般,父亲常年在外工作,只有节假日能回家过上几天,平日与孩子交流很少,但是对小涛却很好,只要是学习需要,父亲从来不多问一句。母亲为人谨慎,对孩子生活上照顾有加,对孩子成绩则更为严格。一旦发现孩子有生活上的不良习惯或学习成绩下滑等情况时,会立即给予教育。

小涛性格内向,因父母管教很严,很少外出和同伴玩耍,在小学、初一和初二的成绩均在班级排名前三,父母和教师均对其报以很大期望。进入初三之后,因为面临中考,小涛学习更加努力了。小涛希望在即将中考前的最后几个月里用自己的努力换到一张重点高中的录取通知书。可是在最后一次模拟考试中,小涛由于过度紧张,考试发挥失常,成绩退步到班级中等水平,这让小涛内心深处受到巨大打击。小涛变得更加沉默寡言,并且还出现了失眠、多梦、坐立不安等症状,从早到晚没有精神。

很快就要参加中考了,父母看到孩子这样的状态,很是着急。小涛也感到很痛苦,认为对不起父母的培养和教师的期望。

根据上述案例,你能给小涛家庭提供怎样的方案来帮助小涛减轻考试焦虑心理呢?

第十章

父母发展与家庭教育指导

不管社会文化、经济、政治发展到哪个阶段,家庭这个社会的基本单位永远不会消失,并且它的基本职能也不会改变,父母同样有发展家庭与养育孩子的义务。在新时期文化背景的影响下,强调家庭教育中父母的基本素养尤为重要,这将对家庭教育的高效开展起到举足轻重的作用。

第一节 强调父母的职责

孩子从出生的那一刻起,就需要一个温暖的环境,这个温暖的环境只能是充满父爱和母爱的家庭。在这个家庭中,父母是孩子依靠的强大力量,父母做得好与坏将直接影响孩子的身心发展,因此强调父母的职责就显得至关重要了。

一、家庭中父亲及转换后的角色

在家庭这个社会基本单位中,每个人都扮演着不同的角色,在不同的角色中所要担负的职责具有明显的差异性。

父亲及转换后有以下几种角色。

(一)丈夫的角色

相对于妻子来说,他是一个丈夫的角色,具体有以下职责。

1. 赚钱养家的职责

由于男性和女性的生理、体力的差异以及传统思想的影响,男人对家庭的经济承担要更大一些,特别是当妻子处于孕期和哺乳期时,丈夫更应该承担起家庭的经济责任。

2. 做家庭美好生活的领航者

中国还是一个发展中国家,绝大多数的家庭还没有达到理想化的富裕状态,还需要夫妻双方共同努力来促使家庭富裕。丈夫作为家庭建设中的重要成员之一,必须对未来美好生活予以向往,并为之努力。

3.生活中做妻子的守护者

家庭日常生活中难免会出现一些矛盾,有矛盾是非常正常的,但处理矛盾需要一些技巧。作为丈夫,在矛盾中首先要想妻子之所想,在处理矛盾中要尽可能体谅妻子的情感,理解妻子生活中的操劳,如果是妻子有错在先,也要讲究交流方式。

4.家庭和谐环境的促进者

从教育心理学观点来看,家庭和谐环境有利于孩子身心的健康发展,良好品行的培养。丈夫不管在事业上有什么不顺利的地方,一定不要把不良情绪带到家中。即使有不良情绪也不应当着孩子的面发泄,可以和妻子私下里交谈,这样可以完全避免孩子受到不良情绪的影响。

5.对夫妻感情发展有信念

当今社会,通过各种形式而组成的家庭,之后又因各种原因而选择离异的人数在逐渐攀升,这也引起了社会各界的广泛关注。

家庭生活中,丈夫要对夫妻感情发展有信念,要相信夫妻不管处在什么阶段都会始终如一地生活在一起,即使有贫穷、疾病这些情况发生。同时,家庭中的丈夫也要了解当今社会几大主流离婚原因,逐一分析,把分析结果与自己的家庭实际情况相比较,排除不利因素,从而使自己的夫妻感情得以长久发展。

6.促使婆媳关系良性发展

由于中国特有的思想观念,加之女性独特的心理特征,在家庭中婆媳关系往往很难相处。婆媳关系的相处不仅要求他们要相互体谅,还要婆婆和媳妇两者的"中间人"来做有效调节。这里就显得"中间人"的存在是十分有必要的,一个有这方面意识的丈夫一定有能力把两者之间的关系调节得恰到好处。在实际运作中,可以采用距离应用法、环境预测法、率先疏导法、换位思考法。

(二)父亲的角色

相对于孩子来说,父亲的角色具体有以下职责。

1.学习并掌握相关育儿知识

家庭中,通常养育孩子的事情是由母亲来负责的,但是父亲也要掌握一定的养育知识。一方面,母亲的身体并不能每时每刻都处在最佳状态;另一方面,母亲在生活中总有一些琐事需要亲自处理。这个时候养育孩子的事情就需要由父亲去完成。另外值得一提的是,在家庭教育中,对孩子的养育应该是由父母两人共同来承担。父亲的积极参与,不仅可以为妻子分担,还可以发展亲子关系。

2.教育子女的职责

孩子的善良品德、生活细节、良好习惯可以由母亲来教育,而孩子的独立、坚强、沉稳、不怕挫折等品质由父亲来教授则更好。因此,在家庭教育中,父亲的地位不可替代。一个男人既然有了家庭,就要对家庭有所担当。不仅要爱护家庭,也要尽教育孩子的一份责任。

3.给孩子树立榜样的职责

我们在前几章讲过家庭教育的方法,其中有一个是榜样示范法。榜样示范法就是要求父母在家庭中要以身作则,以自己的实际行动来正面影响孩子,以达到身教的目的。

4.发掘孩子潜力

作为父亲,不仅要对孩子的智力发育进行多渠道培养,还要努力发掘孩子潜力,发展非智力因素。相信在自己以及爱人的悉心照料下,孩子的未来将会一片蔚蓝。

有些家庭的孩子由于遗传因素、孕育期间不良的营养供给等因素造成孩子出生后会有智力落后、肢体残疾、视听觉障碍、行为异常、自闭症等不同于正常孩子的情况,即便如此,父母也要坚信孩子能有所发展,并且要更加用心照料,用发现的眼光找出孩子身上的闪光点,相信在今后的万千大道中必有适合孩子行走的道路。

(三)儿子的角色

相对于孩子的爷爷奶奶来说,父亲作为儿子的角色具体有以下职责。

1.做父母身体健康的维护者

由于我国经济的快速发展,特别在最近十几年,人们的生活逐渐富裕起来。但大多数父辈的思想还处在 20 世纪,他们多为子女着想,为子女考虑,很少去为自己的身体健康考虑,饮食上马马虎虎,不讲究科学饮食。作为儿子应该体察到这一点,在父母的饮食上多加用心,督促他们科学用餐,并且要咨询医生为父母打造一套适合他们的体检方案。

2.做父母情感的陪护者

时光荏苒,岁月如梭。转眼间,曾经的毛头小伙已经学业有成,结婚生子,而父母却渐渐老去。他们或许已经退休无事可做,或许还在为自己的子孙奔波。不管父母现在多大年龄,不管他们身处何方,他们都有一个共同的心愿,即希望自己的孩子今生平安幸福。

作为家中的顶梁柱,在照顾好妻子、孩子的同时,也要时时刻刻关注父母的身体健康和心理健康。

3.体谅父母,为父母着想

父母曾经是自己成长道路上的领航者,自己小时候眼中的父母是多么的伟大,他们在社会中无所不能。但随着年龄的增长,社会的发展,他们渐渐跟不上这个时代了。

作为儿子,要体谅父母,不是什么新鲜事物父母都能接受,要时刻站在父母的角度去思考。即使他们生活中犯了些"小错误",也不要对着他们大吼大叫。如果不知道怎么做,那就用自己孩童时期父母对待自己循循善诱的教导方式吧!

二、家庭中母亲及转换后的角色

母亲及转换后有以下几种角色。

(一)妻子的角色

相对于丈夫来说,妻子的角色具体有以下职责。

1.学习优生优育知识的职责

优生优育是为孩子今后良性发展创造的有利条件。孕妇的营养供给、疾病的避免、药物的滥用、辐射环境的影响以及孕妇情绪的影响等,这些都会直接影响胎儿的健康。因此,作为新婚的妻子或者即将准备要宝宝的妻子来说,学习优生优育知识是十分必要的。

2.承担家庭基本事务的职责

在传统思想的影响下,加之女性相对做事较细心,往往家务工作就落在了妻子身上,包括看管孩子、洗衣服、做饭、打扫卫生、家庭财务管理等。家庭事务管理是一件烦琐、辛苦的工作,因此,主要是女性在家庭基本事务管理与自身工作方面均衡协调,保障家庭生活有序进行。

3.做丈夫事业的支持者

每个人的能力各有高低,当丈夫工作较辛苦且收入稍低时,妻子不要产生抱怨,更不要把丈夫和其他人做比较。只要丈夫的工作性质不违法,是用自己的脑力和体力去赚钱养家时,妻子就要无条件地支持、信赖丈夫。如果丈夫的个人才能与工作不匹配时,可以和丈夫和平协商,是不是可以换一份工作,但前提要尊重丈夫的选择。相信在如此善良贤惠的妻子的协商之下,不管是否换工作,丈夫都会考虑妻子的建议。

(二)母亲的角色

相对于孩子来说,母亲的角色具体有以下职责。

1.养育孩子的职责

孩子出生后,是否用母乳喂养要根据妻子产后状态来决定。不管是母乳喂养还是其他奶源喂养,母亲都要做好相应的准备。母亲十月怀胎对孩子有着特殊的情感,孩子尚处在婴儿期的这段时间,母亲照顾的时间比例就要相对多一些。因此,不仅要求妻子掌握养育孩子的基本知识,还要亲力亲为地去喂养孩子。

2. 教育孩子的职责

母亲在家庭中不仅要照顾孩子的健康状况,还要对孩子的教育问题严加管教。在大多数的家庭中,孩子在儿童期对母亲相对比较依赖,母亲也相对比较细心、宽容,所以在照顾、教育孩子方面有着天然的优势。有一点值得注意的是,母亲虽然有着天然教养孩子的优势,但绝不可溺爱孩子,要适时地结合现代家庭教育技术对孩子进行权威型教育。在前几章我们已经讲过父母溺爱孩子的后果,以及如何采取权威型的家教态度,这里就不再赘述了。

3. 母亲自身也要不断进步

父母是孩子的榜样,作为母亲不能以带孩子辛苦为由,在家中除了做些基本的家务和管教孩子之外,无所事事。这只是为自己的懒惰心理找一个美丽的借口而已。作为母亲,也要有自己的事业,不管这个愿望要多久才能实现,都要朝着既定的目标努力前进。这样的身教也让孩子看在眼里,记在心里,给孩子做一个很好的榜样,让孩子懂得今后事业的成功需要持续不断地付出。

第二节 父母自身发展

随着我国教育事业的蓬勃发展,家庭教育也得到了极大重视。但家庭教育的实施者即孩子的父母,不能像老一辈那样,持有让孩子吃饱穿暖就万事大吉的思想。孩子在不同时期具有不同的身心发展特点,作为父母必须有针对性地学习这方面的知识,才能解决诸多复杂的家庭教育问题。

一、父母自身发展的意义

父母自身发展是一个家庭走向宏伟未来的关键因素,具有十分重要的意义。

(一)为促进家庭经济、提升文化修养做准备

即将做父母的夫妻,不能因为已经拥有婚姻家庭,或者因为自己现在已经拥有比同龄人更多的财产等一些缘由而停滞不前。有句俗话是这样说的:"家有万贯,不如日进分文。"不管是在经济上,还是在文化修养上,作为父母都不能给自己找任何消极的理由,不思进取。

父母为了家庭拼搏的身影总是唯美的,这不仅能切实地为了经营自己的家庭增添许多有利条件,还能给孩子树立良好的拼搏形象,从而正面影响孩子未来成长。

（二）为科学养育孩子做准备

当新婚夫妇准备要孩子时，夫妻双方就要开始学习优生优育的知识。优生优育是影响孩子健康的先天因素的一项重要内容，它不同于遗传因素，有些遗传因素是不可以改变的，但是优生优育的内容是可以通过夫妻之间的科学规划达到最佳状态。

待孩子出生后，夫妻之间要根据孩子不同年龄阶段，给予不同的营养搭配和不同的教育方式，这些内容都需要新婚夫妇不断地学习。这些知识不是一朝一夕就能掌握的，有些时候理论指导得再多，在亲子实践的时候也会手足无措，这也是新婚夫妇常见的一种现象。这就要求夫妻间遇到问题时要共同研究，最好是带着问题请教一些有经验的长辈、学者、专家，这样能够更快、更好地掌握专业知识。

（三）为家庭突然变化做准备

作为父母，不仅要为孩子的身心发展做好充足的准备，也要为家庭在未来的某个阶段突然变化做准备。从古至今，不管是在理论上，还是在实际生活中，家庭的不断变化都在所难免。例如，家庭是处在容易发洪水的地区，家长应事先为家庭成员做好预防安全措施，这些都需要提前在心理上有所准备。但是在现实中，往往有些事情是由于不可抗拒因素导致的。例如，寒冷的冬季，因为停电致使空调无法使用，容易造成几个月大的孩子着凉，这就需要父母提前备好燃料，以便在第一时间启动应急预案。这些都是生活中的一些小常识，还有很多，在这里就不再一一举例。

当然，家庭生活中还有众多突发事件，作为父母不可能所有事情都能提前预知，但是做足一些准备工作，还是很有必要的。例如，在孩子教育问题上，可以根据孩子的一些固有表现，判断孩子在青春期产生叛逆心理的可能性大小，并且提前采取一些家庭教育方法，这对孩子的身心发展以及家庭建设具有十分积极的作用。

二、父母自身发展应持有的基本观点

我们已经意识到，一个家庭，不管处在什么样的社会阶层都需要不断地进行自我发展。

随着我国经济的快速发展，家庭结构也在发生着变化，各种类型的家庭教育问题也日益突出：家长工作太忙而无力关心照顾孩子，造成孩子心理不健康；家长外出务工造成"留守儿童"问题；家长限于自身水平不知如何与孩子打交道；其他影响家庭教育质量的问题等。这些问题的出现都在提醒家长进行终身学习的重要性。终身学习是新时代家庭教育的要求，为了保证孩子健康地发展，家庭成员之间的关系能够始终和谐亲密，家长要与时俱进，不断更新自身的知识结构，提升自身的教育素养，认识孩子身心发展的规律，了解并掌握与孩子沟通和相处的技能技巧，拥有正确引导孩子成长的能力。同时，家长自己进行终身学习，对于孩子而言也是良好的榜样。①

因此,父母自身发展应持有以下基本观点。

1. 活到老,学到老

近些年来,社会经济、政治、文化的发展速度,堪比远古中国数百年甚至上千年的发展。在这段高速发展时期,社会对人才的需求也在发生着变化,特别是信息技术、材料技术、能源技术的广泛应用,也迫使很多大学开设相关专业,来促进社会发展。因此,人们必须不断学习,才能成为时代的弄潮儿。

2. 多种学习方式相结合

不管是自身业务方面的学习,还是家庭教育技术方面的学习,都要采取多种方法相结合的方式。对于夫妻来说,社会是一所开放的大学,在这所大学中,可供学习的方式、方法有很多,这就需要有针对性地选择。在自身业务上,可以选择社会短期培训班、函授班、大学辅导班、企业讲师班等形式,在家庭教育方法上,可以选择图书学习法、长辈请教法、专业讲座法等。

3. 学习内容全面化

对于已婚夫妻来说,要把终身学习作为生活中必要的事情去做。终身学习不但是一种态度,更要发展成为一种理念。终身学习的内容也应多元化,不可单一。有时候为了突击学习某一种技能,可以在短期之内只做一件事情,但家庭的长期发展一定要做到学习内容全面化。

4. 要有自主的学习精神

终身学习不可被别人推着走,强调的是要有主观能动性。终身学习不但要求学习者活到老,学到老,而且还要求学习者自发性学习。自发性学习是一种有意识、有目的地为获取知识而进行的自我学习。那些被人在后面推着走的人,一旦没有了推动力,自己就会停滞不前,这样没有自主精神的学习态度,是谈不上终身学习的。

第三节　获取家庭教育指导的途径

家庭教育既是一门学科,也是一门艺术。在这门无边的艺术里,由于每个家庭的孩子先天因素和后天因素有所不同,使用的家教方法又有所差别,所以掌握这门艺术看似简单,实则有很大的可变性。

通常情况下,家长在寻求家庭教育方法上采取多种途径,具体有以下几种。

一、自主学习与请教他人相结合

自主学习与请教他人相结合的方式也是我国现行阶段大多数家庭所采取的途径。

（一）自主学习

自主学习是指在家庭教育中，新婚夫妇有了自己的孩子，自己不知道如何养育，通过书籍、报刊、多媒体等多种方式了解并掌握一定的养育知识。针对自主学习群体的研究，有以下优缺点。

1. 自主学习的优点

（1）相对比其他途径具有快捷性。随着多媒体技术的快速发展，家长有问题时上网搜索，基本能得到答案。

（2）有一定的学习动力。自己有了孩子之后，当下要解决的问题，即使再懒惰的父母也会去想办法解决，不会有"过段时间再说"的想法。

（3）在时间上具有随时性。父母为了孩子今后的健康成长，随时随地都可以拿起书刊、报纸或通过互联网来学习有关家庭教育方面的知识。

（4）费用较少。通常情况下，家长为了教育孩子会买一些书籍、报刊，这样的花费相对还是较少的，一般家庭都能接受。

2. 自主学习的缺点

（1）家长往往很难坚持学完所有的家庭教育知识。这里面包括诸多内容，并且具有连续性，往往大部分的父母没有耐心完成如此繁重的任务。

（2）家长知识的欠缺。家庭教育是一个十分复杂的教育门类，里面包含着众多的分支。懂教育不懂心理学的家长很难完全掌握较为全面的知识，懂心理学不懂教育艺术的家长也很难有效实施家庭教育。

（3）缺乏互动性。书刊、报纸、互联网的教学方法很好，但孩子由于先天因素和后天因素的影响，每个孩子都稍有差异。例如，张三孩子所用的家教方法用在李四家的孩子身上，结果极有可能适得其反。如果家长能和书刊、报纸、互联网互动起来，了解每个孩子所处的家庭，从而制订合适的家教方案是最好不过了，当然这仅仅是一种美好的设想。

（二）请教他人

在现实生活中，刚有孩子的夫妻面对养育孩子的问题往往感觉很棘手，他们所面临的诸多问题往往不知所措。这就要请教孩子的爷爷、奶奶、阿姨、姑妈等身边有经验的人，这也是获取育儿知识常用的方法之一。

二、学校对家庭教育的指导

学校教育是人生成长的必经阶段,也是孩子成长成才的有效阶段。学校在处理好本身教学任务的同时,还具有指导家庭教育的义务。

(一)学校对家庭教育指导的方式

1. 家长会

家长会是班主任或任课教师和全体学生家长共同参加的具有会议性质的活动,旨在促使家长了解孩子近期在学校的各种表现,并且提出近期教学目标以及传输家庭教育的方法。

通常情况下,很多家长非常愿意参加学校组织的家长会。一来可以了解孩子在班级中的各种表现;二来可以和教师进行有效沟通并听取针对性建议。

2. 家访

家访是班主任与学生家长交流学生近期表现的同时,听取家长期望并给予家长意见的谈话形式。家访体现出教师对学生的关心,同时也更能引起家长对孩子教育问题的重视,从而积极配合教师完成相应的教育任务。

3. 即时聊天工具

移动工具的快速发展给学校和家长的沟通带来了巨大的便利。现如今许多学校都在使用微信、QQ作为教师和家长沟通的主要方式。当教师发现学生有什么优点或者缺点的时候,会通过这些即时聊天工具和家长进行沟通,从而架起学校和家长沟通的桥梁。

4. 个别交流

有的学生特别优秀,需要家长给予特殊的家教方法。比如,有的学生智商超越一般同龄人,教师就要邀请家长到学校进行个别交流,研究出适合孩子的家庭教育方案。

此外,还有一种情况也需要家长到学校来进行个别交流,是因为某个学生在校期间表现极差,已经严重影响到班级正常的教学任务,班主任便邀请该学生家长到学校来进行个别交流,与家长共同管教孩子。

(二)学校对家庭教育指导的优点

1. 班主任了解学生,能够客观指导

孩子的学龄期是在学校这样美好的环境下度过的,孩子在校期间的表现有德、智、体、美、劳各个方面,这些内容班主任都可以及时与家长进行反馈,并给予一些家庭教育建议。

2. 教师具有专业知识

学校指导家庭教育具有很强的可操作性,大家对此已达成共识。另外,还有一个极其重要的因素是,学校教师在教育学、心理学方面都有一定的知识储备,再加之教师比较了解学生的在校表现,能够提出更合适的家庭教育方法。

3. 家长更愿意与学校交流

往往家长在与班主任、任课教师交流的过程中,会特别尊重他们,更愿意和他们交流,因为他们想了解孩子在学校的一切表现。

(三)学校对家庭教育指导的缺点

1. 专业知识欠缺

学校的班主任有些是刚刚大学毕业,在研究孩子心理、行为时并不能准确地把握,在与家长交流时更不能有效地反映问题,也不能给予更好的家庭教育方法指导。还有的教师则是把主要精力投入在教学岗位和管理岗位上,他们的教学质量很高,但是对家长教育的指导缺乏经验。

2. 学校精力有限

很多比较优秀的学校都想和家长共同努力来促使孩子成长,他们有着专业指导家庭教育的教师,也很想多开一些家长会、讲座,但是学校的精力总是有限的。通常情况下,学校还是把完成教学任务放在首位。即使有些学校能抽出一定的时间来给学生家长做一些家庭教育指导,但是由于家长工作较忙等原因,不能实现时间上的完美对接。这些情况都是发展学校指导家庭教育的不确定因素。

3. 经费欠缺

一些有责任感的学校总是想把最前沿、最科学的家庭教育方法和家长们分享,他们会请来一些教育专家给家长们开一些讲座。但是学校的教育经费又不能完全支持,因此就造成了这方面的矛盾。

4. 缺乏责任感

学校指导家庭教育已经被认为是一种有效方式。在诸多学校指导家庭教育的方法选择上,有一种是最受家长欢迎的,就是家访。家访主要是班主任向家长反映学生在校表现和家庭教育的指导。但由于一个班主任管理班级几十名学生,再加上还有教学任务,对班级的所有学生不可能做到全面了解,甚至有些学生了解的只是表象,这就造成了班主任家访时不能客观地反映事实,更谈不上提供良好的家庭教育支持了。另外,有些班主任只是应付学校家访率达到100%的要求,只是为了完成任务而参与家访,这就对家访的真正意义大打折扣。

三、参加家长教育指导机构

家长获取家庭教育相关知识的渠道是多样化的,有自主学习、请教他人,有学校对家庭教育的指导,另外还有社会上的家长教育指导机构。根据这些机构是否以营利为目的可以分为非营利性家长教育指导机构和营利性家长教育指导机构两类。[①]

(一)非营利性家长教育指导机构

非营利性家长教育指导机构是指在社会上不以营利为目的,主要促进家长们对家庭教育相关知识的学习、掌握和有效运用。根据全国家庭教育工作会议发布的信息,全国有新婚夫妇社区学校、孕妇学校、人口学校、家庭教育学校数万所,还有一些社会爱心人士也在默默地创办非营利性家长教育指导机构,这是政府对家长培训学校的支持与鼓励。另外,非营利性家长教育指导机构在不断增加,其本身也呈现出诸多的优点和缺点。

1. 非营利性家长教育指导机构的优点

(1)方便快捷

对于一个既要抚养孩子又要忙碌于事业的家庭来说,家长的时间是宝贵的,很少有真正属于自己的时间。当家庭需要养育孩子的知识时,最为有效的方法就是到社区家长教育指导机构获取相关指导。这样既缩短了求知时间,又得到了专业的帮助。

(2)经济性

相对比社会营利性机构来说,非营利性家长教育指导机构是政府出资创办的,是服务于广大人民群众的,最重要的一点是免费的。这对于经济薄弱的家庭来说,无疑是一件好事。

(3)加强家长对家庭教育的重视

有些模范社区会定期组织一些家庭教育讲座,家长们可以免费参加,一方面促进了社区与家庭的密切交流;另一方面还能培养家长获取家庭教育的相关知识,更重要的是,可以引起家长在思想上对家庭教育的重视。

2. 非营利性家长教育指导机构的缺点

(1)缺少经费支持

非营利性机构开展工作也需要计划、准备、实施、评估,这些都需要人力、财力的有效支撑。但是由于政府经济支持的有限,直接影响着这些非营利性机构活动开展的效果。

(2)缺乏专业知识

非营利性家长教育指导机构出发点是想促进家庭教育事业的高效发展,但是在实际操作中不可能得到多数人的支持,具有良好知识背景的人才往往不愿意参加此类活动,从而导致一些社区邀请到专业知识不够全面的教师来开讲座或进行家教咨询。例如,教育学知识

---

① 缪建东.家庭教育学[M].北京:高等教育出版社,2015.

很广泛的教师,儿童心理学知识掌握得却不够,这也会直接影响咨询效果。

（3）一些家长主观上的不认同

一些家长由于对家庭教育的重视,再加之对社会有一定的认知,他们会认为这样的非营利性机构各方面都达不到自己想要的标准。不管是从专业知识上,还是服务态度上都需要进一步提高。

（二）营利性家长教育指导机构

营利性家长教育指导机构是指在社会上那些具备家庭教育专业知识的人才创办的以营利为目的的指导机构,旨在通过科学理论知识、儿童心理学知识、家庭教育相关方法来指导家长科学地养育孩子。由于家庭教育已经受到政府的高度重视,营利性家长教育指导机构也在迅速发展。其本身也有一定的优点和缺点。

1. 营利性家长教育指导机构的优点

（1）专业性更强

营利性家长教育指导机构的教师相对来说具有更为专业且全面的家庭教育知识,他们不仅掌握教育学知识,还掌握心理学知识,更能独立辅导有问题的家庭进行教育方法的转变。

（2）可以系统学习

营利性家长教育指导机构的教师可以培训家长从掌握孕育胎儿知识开始,一直到每个阶段孩子身体的发展变化,以及心理发展的变化,让家长系统了解孩子一生当中成长的全部知识,而不是断章取义地了解某一个阶段的教育法则,从而避免用一种永不变更的方法教育孩子。

（3）针对性

有专业经验的教师会根据不同的家庭,设定不同的家教方案。当然,有些家庭教育方法（比如榜样示范法）在所有家庭中可以通用,但是有的方法要根据孩子的不同情况进行单独设计。例如,有的孩子骄傲蛮横,在教育中表扬的力度要比那些自卑的孩子少一些。

2. 营利性家长教育指导机构的缺点

（1）缺乏互动性

一些营利性家长教育指导机构会采取大班化教学,有的课堂甚至达到了一百多人。虽然课讲得很专业,也很精彩,但学员和教师不能有太多的互动、交流,从而使指导意义大打折扣。

（2）一些机构出现速成班

社会上有些机构为了尽快获取利润,他们推出了速成班。短短两三天把整个家庭教育知识讲解完毕,教师讲得也许很精彩,但学员的听课效果有没有得到保障呢？这个问题值得家长和教育指导机构深思。正确的做法是少量、系统,且逐步地向学员传授知识,每次课后要总结重点,留下问题,并且适时地与学员互动。更重要的是给学员留下足够的时间,让学员去消化学过的知识。通过思考问题、提出问题和教师探讨问题来达到全面掌握家庭教育的相关知识。大家试想一下,两三天的速成班能做到这样吗?

（3）需要耗用大量精力

有的家长参加社会家长教育培训是为了突击家庭教育知识。由于一些家长自身的工作性质,另外有家务缠身,即使参加了学习,也是精力上的高度透支;也有一些情况是妈妈为了参加培训把孩子交由爷爷奶奶来照料,这就背离了家庭教育培训的初衷。家庭教育知识具有系统性,不可能在几天之内完全掌握。一般情况下,学习时间需要一两个月甚至更长。因此家长要系统且全面地学习,在时间及精力上要加倍付出。

思 考 题

1. 家庭中,夫妻之间有哪些角色类型?
2. 家庭中作为孩子的母亲,应有哪些职责?
3. 结合实际生活,你是怎样理解父母发展意义的?
4. 父母发展应持有哪些观点?
5. 获取家庭教育指导的途径有哪些?
6. 浅谈学校指导家庭教育的优缺点。

案 例 分 析

诺贝尔的父亲是对发明有浓厚兴趣的人,他热衷于科学研究,一心想用自己的智慧和努力,制造出世界上没有的东西,从而造福人类。他家里到处都是实验机械,一有空闲时间,老诺贝尔就钻进实验室里,埋头做实验。老诺贝尔用自己的行为影响了小诺贝尔,小诺贝尔在家庭的影响下接受着良好的家庭教育,16岁时对化学方面的知识已经有很深的造诣了,并且能说多个国家的语言。

在19岁时,小诺贝尔就已经确定了自己的终身道路:他决定像父亲一样当个科学家,用自己的发明为人类造福。小诺贝尔于1860年进行硝化甘油炸药的研究,在以后的几年中,他经历着多次灾难,如实验时炸死自己的弟弟、工厂爆炸、被政府驱赶、众人反对等,但他顶住了重重压力,终于在1867年获得了英国的炸药专利。

此后,诺贝尔在科学领域刻苦钻研,用毕生精力为了人类进步做出重大贡献。1895年,诺贝尔立下遗嘱将其财产的大部分作为基金,每年所得利息分为五份,设立诺贝尔奖,包括物理学奖、化学奖、生理学或医学奖、文学奖及和平奖五种。

联系实际,谈谈父母发展对孩子的积极影响。

参 考 文 献

[1] 赵忠心.家庭教育学[M].北京:人民教育出版社,2001.

[2] 朱智贤.儿童心理学[M].北京:人民教育出版社,1993.

[3] 陈琦,刘儒德.当代教育心理学[M].北京:北京师范大学出版社,2007.

[4] 缪建东.家庭教育学[M].北京:高等教育出版社,2015.

[5] 李天燕.家庭教育学[M].上海:复旦大学出版社,2007.

[6] 刘金花.儿童发展心理学[M].上海:华东师范大学出版社,2013.

[7] 刘晓东,卢乐珍.学前教育学[M].南京:江苏教育出版社,2009.

[8] 李燕,吴维屏.家庭教育学[M].杭州:浙江教育出版社,2009.

[9] 彭德华.家庭教育新概念[M].兰州:甘肃教育出版社,2001.

[10] 黄河清.家庭教育学[M].上海:华东师范大学出版社,2014.

[11] 何俊华,马东平.家庭教育学[M].北京:清华大学出版社,2017.

[12] 林崇德.发展心理学[M].北京:人民教育出版社,2008.

[13] 曾仕强,刘君政.亲子关系[M].北京:清华大学出版社,2005.

[14] 陈佑兰.家庭教育[M].北京:北京大学出版社,1990.

[15] 彭立荣.婚姻家庭大辞典[M].上海:上海社会科学院出版社,1998.

[16] 吴航.家庭教育学基础[M].上海:华中师范大学出版社,2014.

[17] 李本友,罗生全.家庭教育学——幼儿家长篇[M].北京:中国轻工业出版社,2015.

[18] 江琴娣.特殊儿童家庭教育[M].上海:华东师范大学出版社,2015.

[19] 周艳.教育社会学与教师研究[M].武汉:华中科技大学出版社,2008.

[20] 李力红.青少年心理学[M].长春:东北师范大学出版社,2000.

[21] 华业.世界著名家族教子家训[M].北京:中国长安出版社,2008.

[22] 张杰.高级心理学教程新编[M].合肥:合肥工业大学出版社,2008.

[23] 田瑞华.家庭教育——孩子成功第一课堂[M].石家庄:河北科学技术出版社,2011.

[24] 王道俊,郭文安.教育学[M].北京:人民教育出版社,2009.

[25] 刘梅.儿童发展心理学[M].北京:清华大学出版社,2010.

[26] 杨宝忠.大教育视野中的家庭教育[M].北京:社会科学文献出版社,2003.

[27] 陈桂生.教育原理[M].上海:华东师范大学出版社,2000.

[28] 邓佐君.家庭教育学[M].福州:福建教育出版社,2013.

[29] 刘占兰.学前儿童科学教育[M].北京:北京师范大学出版社,2008.

[30] 王志明.幼儿科学教育[M].南京:江苏教育出版社,1990.

[31] 陈帼眉.学前心理学[M].北京:北京师范大学出版社,2014.

[32] 陈英和.认知发展心理学[M].杭州:浙江人民出版社,1996.